爱的心理密码

壹心理 —————— 著

北方联合出版传媒(集团)股份有限公司
万卷出版有限责任公司

果麦文化 出品

PART I

走近爱情：性别的差异

1

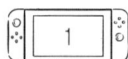

茫茫人海中，为什么你一直找不到另一半？

—

男女单身原因研究

到了适婚年纪，看着身边人成双入对地步入婚姻殿堂，单身的朋友们不禁会感叹：我的另一半什么时候才能到来？同时，单身的自由又是那么宝贵，有很多时间可以用来充实自己，也无须受爱情的"折磨"……可是一看到街上的情侣，一看到剧里甜甜的恋爱，心就又按捺不住了，在"我好酸"和"单身多自在"之间来回摇摆。

那么，单身的伙伴们究竟为何单身，又为何会渴望摆脱单身状态呢？

01 | 单身的原因在这里

如果向每个单身人士询问他们单身的原因，我们可能会得到五花八门的答案。但是研究两性和进化心理学的梅纳雷阿斯·阿波斯托洛斯（Menelaos Apostolou）等三位学者指出：很多单身的人其实并不理解自己单身的原因，即便理解，理解得也不那么准确。

单身的原因究竟是什么？这三位学者为了得到解答，在网上招募了 647 位 18 岁以上的参与者——307 名女性，340 名男性，均为单身——让他们考察自己单身的原因。

研究者们将他们在过去相关研究中总结出的 92 个单身原因分为四大方面。

（1）求爱能力低：

比如"我不擅长调情""我很内向"等；

（2）向往自由：

比如"我想自由地做想做的任何事""我不想有一个家庭"等；

（3）来自过往关系的约束：

比如"我最近分手了""我找不到有趣的人"等；

（4）个人条件限制：

比如"我不能生孩子""性取向原因"等。

此次研究结果显示，单身最主要的原因有五条：调情技巧差，希望拥有做任何事的自由，害怕受伤，有比恋爱更重要的事以及过于挑剔。

性别方面也存在着差异：男性比女性更倾向于表示他们单身是为了自由地调情，他们不喜欢组建家庭；女性则倾向于表示单身是为了避免受到伤害，且不认为自己是理想伴侣。

研究者补充说，男性可能会认为自己还没取得很大的成就，没有足够的恋爱资格，觉得承诺好可怕，自己不是家庭型男生，在接近异性时因不知如何搭讪而感到焦虑，从而导致单身。女性则可能因为看多了电视上、网络上那些又美又瘦的人的图片，觉得自己身材长相不好，以至于缺乏自信，从而降低了寻找伴侣的积极性。

以上就是单身常见的原因。不管你是哪一种，都需要了解自身状态和面对单身的心态——你是能够接纳自己的单身状态，还是痛苦地想脱单而不得？下一步则要考虑，你是想继续做个潇洒快乐的单身人士，还是想办法改变状态、迎接爱的可能？

02 | 女性和男性相比，谁更想脱单？

单身久了，每天的生活几乎没什么变化，自己好像也乐在其中——但是这样的生活，真的能让我们从内心深处感到满意吗？波兰奥波莱大学的学者多米尼卡·奥奇尼克（Dominika Ochnik）和德国波茨坦大学的加尔·斯隆（Gal Slonim）就曾通过实验，调查了性别和文化在单身满意度中的作用。

研究者们招募了512名单身参与者——196名波兰人和316名德国人，平均年龄36岁——调查他们的单身满意度，包括过往恋爱的次数、对建立关系是否感兴趣、生活满意度、孤独感、人际能力、自尊等方面。结果表明，无论文化背景如何，女性对单身的满意度都高于男性。

研究者指出，单身女性对浪漫爱情的期望值很低，她们并不指望会出现一个人使得自己的生活变得多好，这种较低的浪漫信念，恰恰提高了她们对单身的满意度。男性对浪漫的期望则更强烈，同时他们也希望能够与人成功地建立关系并强化传统男性气质，满足自己对性关系的掌控权，相较之下对单身状态的满意程度就没有女性高。

上述调查研究虽然是在波兰和德国展开的，但对我们同样有所启示：高质量的单身也能带来生活的高满意度，真正让我们感到痛苦的可能不是单身本身，而是自我支持和社会支持的缺乏。

03 | 单身为何会有孤独感？

"一个人逛超市，一个人吃火锅，一个人看电影……"从这个大家都很熟悉的孤独等级中，很容易看出单身人士的心酸和无奈。

的确，单身总会和孤独联系在一起。波兰波兹南密茨凯维奇大学学者卡塔日娜·阿达姆奇克（Katarzyna Adamczyk）的研究表明，浪漫伴侣和亲密关系的缺乏是年轻人孤独的一个重要来源。

　　研究人员招募了419名20岁到35岁的波兰成年人——298名女性，121名男性，其中单身的有187人，另外232人有固定伴侣——测量了他们的归属需要、对单身的恐惧程度、社交和情感孤独程度以及对关系状态的满意程度。

　　结果表明，对于年轻人来说，他们之所以在单身状态中会感到孤独，是因为对归属感的需要没有得到满足。并且，让他们苦恼和焦虑的不仅是现在的状态，也是未来仍找不到对象的可能。

　　研究者继续解释说，对于刚刚步入成年期的人而言，浪漫伴侣在关系层次中占据主导地位，他们更渴望一段亲密关系，很害怕单身的状态，从而会感到孤独。

　　但是，恋爱的话就不会孤独了吗？事实并非如此。比单身更糟糕的状态是明明有对象，却还是时常感到孤独。我们渴望的幸福状态不是有了伴侣就一定会得到的，只有和伴侣在良性、健康的关系中共同成长，才有可能抵达幸福。而即使没有伴侣，通过自我提升达到更高的生活满意度，也是能够带来幸福的。

2

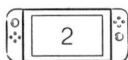

只要女生在场，男生就会产生奇妙变化
—
性别助长效应

对于有些公司为程序员雇用"程序员鼓励师"一事，有人觉得是噱头，有人觉得猥琐，也有人觉得这是在侮辱女性。

出乎意料的是，研究表明，有女性在场时，男性的工作效率真的会提高。这就是性别助长效应，而且这种现象在男性身上更容易出现。也就是说，程序员鼓励师这个看似荒谬的岗位背后也有一定的科学依据。事实上，性别助长效应影响的不仅是工作领域，在女性身边，男性往往也会变得较平常更为友善，乐于助人。

01 | 女生在场，男生真的会变 "甜"

电影《蓝色大门》中，男女主人公来到海边，进行第一次约会。正当两人享受着沙滩音乐会时，男主看到一个拾荒老人，便贴心地将水喝完，跑到老人身边将空瓶递给了他。这一系列的举动，看起来很像是男主刻意在女主面前展现自己的善良。这样的刻意展示在生活中也很常见，比如有些男生在女友的注视下，会在人潮涌动的火车站主动帮有大件行李的老人搬行李。

2008年，英国肯特大学的温迪·伊戴尔（Wendy Iredale）等人做了一项实验。实验表明，有异性在场的情况下，男性会更倾向于做出友善的行为。他们找来 90 名平均年龄为22岁的年轻人——男女各45人——让他们在一名男性或女性同伴的陪同下完成一系列的游戏，并发放相应奖金。实验的最后，工作人员询问他们是否愿意将自己获得的奖金捐献给慈善机构，结果显示，只有男生才会在异性在场的情况下做出更多的捐献行为，而女性的行为不受陪同者影响。也就是说，在异性的陪同下，男性做出了更多慷慨的行为。

谢菲尔德哈勒姆大学的研究员温迪·艾瑞戴尔（Wendy Iredale）等人还发现，女性的吸引力越大，男性越容易做出友善的举动——这就和雄孔雀开屏的道理一样。

02 | 为什么有女生在场，男生会表现得更加友善？

那么，究竟为什么会存在性别助长效应呢？我们总结出了以下两个方面的原因。

（1）求爱展示

根据进化心理学，男性在异性面前表现得友善属于求爱展示行为（the Courtship Display）。与异性接触时，男性的睾酮水平会上升，个体会形成一种求偶心态（Mating Mindset），或者说产生吸引异性的求偶动机（Mating Motive），促使个体进行求爱展示，更频繁地向异性展示自己作为配偶的优势，比如说我人很好、我很强壮、可以保护你，等等。而且，对于男性来说，异性的吸引力越强，这种效应也就越显著。

（2）符合社会期待

在通常认知里，社会性别角色期待男性是具有社会地位的、自信的、勇敢的，期待他们展现男子气概和英雄气概，也期待他们做出能体现骑士精神、为他人利益而努力的无私行为。有观众在场时，男性会表现得尤其友善，因为他在展示能力的同时，虚荣心也得到了极大满足。想一想，当篮球场上的男孩子凭借矫健的步伐和优越的弹跳力，在周围女生的尖叫声中将一枚篮球命中框内的时候，他应该觉得自己异常迷人，感觉很好吧。

03 | 什么样的人更容易受外界影响？

是否容易受外界影响与性别无关，而与你的人格特征有关。外向型人格比内向型人格更容易受到观众的影响，从而改变自己的行为。内向型人格神经系统的皮质唤醒水平较高，也就是说外界有一点刺激，他就会处于很兴奋甚至是不安的状态，因此内向型的人比较适合独处的工作状态。这也导致他们不太会被外界影响，毕竟要对外界"敬而远之"嘛。外向型人格则相反，他们的大脑皮质唤醒水平较低，需要较强烈的刺激才会进入舒适的状态，所以在有观众的情况下，他们更兴奋，做事效率更高。这也是"人来疯"这个词的心理学依据。

04 | 女生有这个现象吗？

前文提到的捐款实验结果表明，只有男性会在女性的旁观下捐更多的钱，而对于女性而言，无论旁观者是谁，捐款的数额都差不多。1990年心理学学者王青采用仰卧起坐任务进行的性别助长效应实验也证明，男性在女性的注视下仰卧起坐，明显比同性观看时做得更好更多，但女生在异性的注视下却和同性注视下没有明显的差异。由此可以推知，女性或许没有性别助长现象。

进化生物学家罗伯特·特里弗斯（Robert L. Trivers）曾提出过一种亲代投资理论（parental investment theory）。该理论认为，父母为了让后代更好地活下去，会进行大量的投资。对于繁衍后代而言，女性的生理资源是重要的，即拥有能够孕育孩子的健康的、年轻的身体，而男性的社会资源是重要的，因为男性的社会资源可以为孩子提供安全的住处和丰富的食物。

德国伍珀塔尔大学的学者萨沙·施瓦茨（Sascha Schwarz）等人研究发现，女性在排卵期会打扮得更加性感，露出更多肌肤，展现自己良好的生理资源，以此吸引男性的注意力。当然，女性这样的行为，也是无意识的。

男性在女性面前展现其慷慨和友善，仿佛蜗牛伸出触角，小心翼翼地发起爱的试探。这本质上也是男性在向女性传达一种信息：请你看到我，我是值得被爱的，我是值得托付的。所以，如果一个男性只在一个特定的女性面前表现得善良慷慨，有可能不只是性别助长效应，而是羞涩爱意的体现。

3

父母离异的人适合结婚吗？

—

破碎的原生家庭没那么可怕

曾经在某问答平台看到过这样的提问："父母离异的女生能娶吗？""身边很多来自离异家庭的朋友结婚后都重演了他们父母的悲剧，最近要和一个单亲家庭长大的女生相亲，我到底该不该去见她？"对于父母离异的男性，大家也同样心存疑虑。

在我们的固有认知里，离婚会让孩子遭受创伤，从而产生心理问题，甚至影响他们之后的恋爱与婚姻。但是也有很多离异家庭的孩子心智健康，成年之后拥有幸福的婚姻。那么，父母离异对孩子的影响真是决定性的吗？有什么方法可以摆脱父母离异的影响？

01 | 父母离异，绝大多数孩子会顺利度过艰难时光

离婚在短时间内确实会给大多数孩子带来影响：他们不得

不更换成长环境，如学校、住处等，甚至要告别以往熟悉的朋友；也有的孩子需要面对重组家庭的复杂关系。但最容易受到影响的，还是孩子的内在情感与心理。

在韩国综艺《我们离婚了》中，小女孩荷叶在父母离婚后七个月没见过妈妈，可她太希望父母能一直陪在自己身边了，因此再一次见到妈妈时，荷叶对给她洗完澡后站在身边的双亲说："爸爸不要动，妈妈也不要动，你们待在原地，不要动。"

这个场景让很多观众感到无比心酸。但其实，离异的影响并不像大多数人想的那样具有终身破坏性。美国弗吉尼亚大学心理学博士E. 梅维斯·赫瑟林顿（E. Mavis Hetherington）研究发现，许多孩子在父母离婚后产生的焦虑、愤怒、震惊等负面情绪，通常会在两年后减少或消失，只有少数孩子会长期沉溺在这样的情绪里无法自拔。

有一位朋友，他上小学六年级时父亲出轨，父母二人离婚了。据他描述，那是一段极其黑暗的日子，他感觉自己天都塌了一半，想努力安慰母亲，却因焦虑难以做到，社交上也处于退缩、生人勿近的状态。可当这段黑暗时期过去之后，他发现自己依然能够很好地处理情绪，高效学习，也拥有了很多不错的朋友。并且他觉得跨过这道坎之后，一切问题都不算问题了。

人们常常以为父母离异的孩子会很脆弱，可事实上他们中有很多人都勇敢地直面了父母离异的挑战，变得更坚韧。美国伊利诺伊大学厄巴纳-香槟分校的心理学博士罗伯特·休斯

（Robert Hughes Jr.）认为，一个孩子如果能够成功克服父母离婚的危机，摆脱痛苦与打击，便有可能因此提升面对痛苦与挫折的能力，进而在成年后获得更多幸福。

02 | 父母离异的孩子，不一定会出现亲密关系问题

很多人认为不能和父母离异的孩子结婚，因为他们的亲密关系一定会出问题，可真的是这样吗？

（1）大部分父母离异的孩子，成年后的心理是健康的

美国宾夕法尼亚州立大学的社会学家保罗·R. 阿玛托（Paul R. Amato）研究发现，父母离异的孩子在学业成绩、情绪、行为问题、自我概念等方面，与拥有完整家庭的孩子差别很小。

心理学博士赫瑟林顿曾花费25年的时间追踪调查了一些父母离婚的孩子与父母未离婚的孩子。研究发现，被调查者中，有25%的人在成年后经历了严重社交、情感、心理困扰，其中小时候有完整家庭的人占了10%。可见父母离异对孩子的影响并没有我们想象中的那么大，至少不是成年后心理状态的决定因素。

（2）父母离异的孩子，婚姻可能更幸福

很多夫妻明明已经过不下去了，可是为了孩子，宁愿维

持着没有爱的婚姻，冲突不断。这样的无爱婚姻真的比离婚对孩子更好吗？《牛津大学出版社期刊》发表的一项研究给出了答案。

阿马托等人在 1980年采访了2033名55岁以下的已婚人士，收集他们的婚姻质量信息，又分别在1983年、1988年持续追踪了他们的婚姻状况，最后在1992年收集了他们子女——均为19 岁以上且已婚——的婚姻幸福状况。

这项长达 12 年的研究发现：在父母因严重冲突而离婚的情况下，孩子成年后的婚姻生活更幸福；在父母之间无严重冲突但突然离婚的情况下，孩子成年后的婚姻生活较容易不幸福。研究者解释，前一种情况下父母的离婚消除了孩子的负担，后一种情况则会让孩子遭受突如其来的打击，乃至将父母离异的原因归因于自己，加剧孩子的心理压力。

所以，父母离异不一定会影响孩子的婚姻幸福，反而可能让他们尽早摆脱痛苦，培养出获得幸福的能力。

（3）家庭成员之间的关系比家庭完整更重要

大部分父母在考虑离婚时，关注点都在离婚这件事会不会影响孩子上，却容易忽略他们自己与孩子互动的质量。

密歇根州立大学的詹妮弗·E.兰斯福德（Jennifer E. Lansford）等研究人员收集了799个家庭的数据，它们分别来自收养家庭、正常家庭、单亲家庭和再婚家庭。家庭变量包括父母的情绪（通过抑郁量表获知），家庭关系（父母关系，孩子与父母、兄弟姐妹的关系），孩子对家庭生活满意度（与家人在一起是否开心，孩子的适应能力、自尊以及对婚姻、生育的态度）。

结果发现，如果上述四类家庭的相处质量（父母情绪、家庭关系、孩子对家庭生活的满意度）相同，那么孩子的适应能力、自尊以及对婚育的态度也无明显差异。这也就是说，家庭结构对孩子心理健康的影响很小，更重要的是家庭成员间的相处质量——父母离婚但得到很好照顾的孩子，内心也是健康、有爱的。

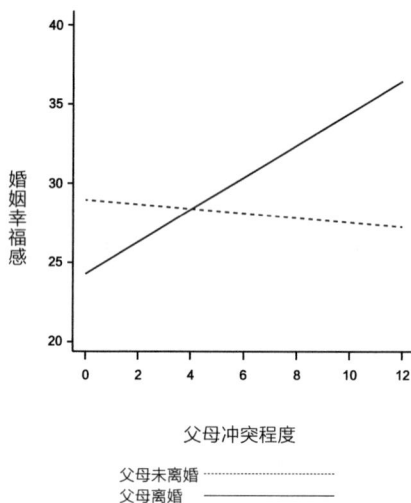

▲ 婚姻幸福感和父母冲突程度关系

03 | 父母离婚后，该如何处理与父母的关系

策略学派家庭治疗[1]的代表人物杰伊·海利（Jay Haley）曾提出家庭关系中的倒三角形理论，该理论认为，永远不要跨越世代界限，父母就做好父母的角色，孩子就做好孩子的角色。父母的问题交由他们自己处理就好，孩子不应过多卷入。基于此，这里有两个处理亲子关系的建议。

（1）不要卷入父母的冲突

离婚的父母往往对彼此怀有强烈的恨意和愤怒，他们可能会对孩子说："你不许见你妈妈，她不要你了。""你爸就是个渣男，一点责任都不承担。"如果孩子只跟其中一方关系比较好，就很容易站队，形成对另一方的恨意，并卷入父母的情感斗争中。而我们要做的，是想办法跳出父母的斗争。

首先，我们要学会区分对爸爸或妈妈的感受，搞清楚哪一部分是自己真实的感受，哪一部分是父母强加给自己的。如果你想亲近自己的爸爸或妈妈，那就勇敢地去爱、去亲近，不要因为被强加的恨与愤怒而疏离了对方。

其次，你需要跳出他们对彼此的抱怨和评价，独立认识

---

1 策略学派家庭治疗是于 20 世纪 80 年代开始发展，由海利和前妻玛德丽共同创立的家庭治疗模式。策略治疗的目标是解决当前的问题，并把焦点放在行为的改变上，希望能阻止适应不良行为的重复发生。

父母。他们对彼此的评价很可能带着愤怒与恨的偏见，并不客观。跳出他们对另一方的评价框架，你也许就会发现不一样的爸爸或妈妈。

（2）你无须做父母的照顾者

"爸妈离婚后，妈妈哭得好伤心，我想安慰、保护妈妈。"不少孩子在父母离婚后，都有这种保护受伤父母的愿望。

但是英国认知行为心理学家安东尼塔·迪卡卡沃（Antonietta Dicaccavo）认为，想保护父母的孩子通常会陷入失败的境地，而当他们将这些失败内化，就可能会感到羞耻、沮丧和自卑。

美国明尼苏达大学发展心理学家但丁·西切蒂（Dante Cicchetti）等人的研究发现，在那些试图保护父母的孩子中，有1/4的人成年后会有后遗症。他们或许对外表现得成熟、会照顾他人，可内心却仍是个孩子，不懂得如何照顾和爱自己，也没有能力处理和面对生活的挑战。

所以作为孩子，请相信父母拥有足够的资源和能力去面对和处理他们情绪上、生活上的困难。我们只需要把他们的责任交还给他们自己，做好孩子的角色，这就足够了。

最后回到开始的问题，正解是父母离异与否不应成为判断他人能否成为好伴侣的标准，否则我们很容易盲视，错过那个"对的人"。

```
 ┌─────────┐
 │    4    │
 └─────────┘
```

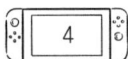

情侣间的爱情观不一致怎么办?

—

关于爱情观的调查研究

01 | 八种爱情观,帮你认识自己、理解他人

在心理学中,爱情观又被称为爱情态度(Love Attitude)或爱情类型(Love Style)。简单来说,它是指人们对待爱情的态度,对爱情应该是什么样子的期望与想法,也体现在相应的行为上。

21世纪初期时,国外对爱情观的研究就已颇为成熟,但当时国内并没有本土的爱情观测量问卷。2004年,台湾高雄师范大学的卓纹君教授基于大样本数据,首次编制了符合中国人民情况的爱情观量表。这项研究首先对100位民众进行了爱情经验访谈,然后基于国外已有的爱情观量表编制了160个符合本土文化的爱情观题目,并初步针对1847名样本施测,通过统计分析将题目精简到80题,并在767名样本中重复测量,最终得出了适合中国人民特质的八种爱情观类型,目前被较为广泛地使用。

（1）牺牲奉献型

有从一而终的观念，无论对方是否投入、专情，自己一旦陷入感情或发生性行为就会委曲求全，不轻言放手，甚至会牺牲自己的需求来满足对方，让感情维持下去。

（2）执着占有型

用情很执着，爱上对方后便会特别专注，非常在乎对方。但这类人通常很容易感到不安，特别是对方不在身边，或自己的消息没有得到及时回复的时候，倾向于认为伴侣会离开自己。

（3）真情投入型

对感情有着一份坚定投入的信念与态度，认为两个人相爱后，可以一起携手克服万难。对爱情有着强烈的信心，相信爱情会永不褪色，希望在平等的关系中彼此分享与包容、互信互谅。

（4）悲观保留型

不敢也不愿投入太多感情，害怕如果太过投入，一旦分手就什么都没有了。认为世事多变，不相信永恒的爱情，因此在关系中有所保留，同时也会刻意与对方保持距离。

（5）浪漫表达型

认为浪漫在爱情中至关重要，制造惊喜与浪漫是获得与维持爱情的最佳手段，强调爱意要通过言语或行为表达出来。

（6）肉体感官型

认为爱情主要是通过肢体亲密接触来展现的，以感官享乐为主。这类人注重通过肉体来感受亲密与爱意，不会在乎别人的眼光，具有"只要我喜欢，什么都可以做"的行事风格。

（7）游戏手段型

认为感觉是爱情中最重要的成分，如果彼此的感觉变淡了，就会投入到其他关系中。这类人会随时预备替代对象或与多人保持亲密的关系，以此满足自己对新鲜感的需求或是填补寂寞。同时，他们也非常善于用一些策略或手段来获得他人的感情，因此对对方的投入与忠诚都显得不足。

（8）婚姻目的型

认为谈恋爱是为了结婚，所以会考虑对方的现实条件，考虑未来，如对方的学历、家庭背景、是否有房有车等等。

面对这八种爱情观，你可能会产生疑惑："怎么这个也像我，那个也像我？"这是很正常的现象，因为我们可能有一个很典型的、主要的爱情观类型作为主导，但这并不意味着其他爱情观不能共存。

也就是说，每一种爱情观并不是绝对的有或无，只是在个体身上存在的比重不同。一个人可能对爱情真情投入，觉得只要两个人一起努力，就没有过不去的坎儿，同时也认为爱情一定要浪漫，要大声说出来。而且，爱情观也不是一辈子都不会改变的。

02 | 爱情观相同，会让我们对爱情更满意吗？

你可能有这样的疑问：是不是只有与伴侣的爱情观一致，才能收获幸福呢？

实际上，早在20世纪，国外的心理学研究者詹妮弗·哈恩（Jennifer Hahn）和托马斯·布拉斯（Thomas Blass）便对这一问题有所探究。他们招募了152名大学生，给这些大学生展示了一些异性的爱情观，然后让其评估更想要和哪些异性约会，最后也测量了这群大学生自己的爱情观。结果表明，受测的大学生确实倾向于和那些与自己有着一致爱情观的人约会。

另外，卓纹君教授通过测量174对年龄在18到25岁的情侣的爱情观和爱情满意度，也发现爱情观相同会让人们对爱情更满意。其他研究得出的结论也是如此。特别是对于女性而言，和伴侣拥有相同的爱情观让她们对现在的亲密关系更为满意。

然而，只是对亲密关系满意，并不意味着两个人能够长久走下去。例如，如果双方都有游戏手段型的爱情观，允许对方同时与多个人保持亲密的关系，那么他们确实都会感到舒适、满意。但这样的两个人却很难长久下去，因为他们更喜欢新鲜感，很难做出承诺，让关系维持下去。

即使如此，对于大多数人而言，最大的困惑可能依然是：爱情观不一致怎么办？

03 | 不匹配才是常态，你们做好准备了吗？

实际上，几乎没有人的爱情观是完全匹配的，你与对方的爱情观会有相同的地方，也会有不同的地方，即使类型相同，程度也很难完全一样。所以，不必担心自己的爱情观与对方不一致，存在差异才是正常的现象。

心理学家兰迪·冈瑟（Randi Gunther）提出，虽然差异会带来冲突，但它也可以成为增进关系的契机，这取决于我们如何处理这些差异。下面的几点建议，希望对你有所帮助。

（1）从根本上评估双方的观念差异，反思是否有相互接纳、继续走下去的意愿

你们可以平心静气坐下来，敞开心扉聊一聊，了解对方对于爱情的观念。接下来，将你们的观念差异一条一条列出来，并认真评估一下自己能否接纳和理解这些差异，并且询问彼此

是否愿意继续走下去，愿意为彼此做出妥协或改变。如果你们发现双方实在无法互相理解，而且谁都不愿意做出改变，那么或许就可以考虑果断地分手，摆脱煎熬状态。

（2）了解彼此爱的语言，付出爱的行动

如果你们选择包容彼此、继续寻求共同的幸福，那么接下来，你们就需要学会如何面对这些差异，让爱情持续保鲜。其中很重要的一点就是了解对方爱的语言，既然爱情观不同，那么关于被爱的要求也是不一样的。例如对你来说，浪漫的礼物是爱的表现；但对他来说，被尊重、被肯定可能就是最好的爱。因此，在理解对方语言的基础上，适当满足对方的需要，才能提升关系满意度。

（3）积累情感账户

如果想要从根本上对抗爱情观的不一致，就一定要有足够的感情基础，这里的感情基础在心理学上也称为情感账户。在日常生活中，增加彼此的亲密互动；在对方遇到困难时，及时送上关心和陪伴；遇到开心的事情，与对方分享自己的喜悦；闲暇的时候，共同去探索生活的乐趣……这些日常生活中的点滴行为，都在为你们的情感账户积累财富。当感情储蓄越来越多的时候，情侣关系的根基也会更加稳固。这样，遇到冲突时，两个人就会拥有足够的力量和资本，一起面对情感的风浪。

满大街都是"颜控",普通人如何获得爱情?

—

"美即是好"的心理学效应

现在越来越多的年轻人开始选择在网络上交友,社交平台上有很多征婚帖,里面列满了形形色色的条件。其中有这样一个曾经引发过热议的帖子:一个山西小伙儿希望回到家乡发展,在豆瓣发帖征友,希望找到一个愿意来自己家乡发展的女孩。时隔一年,征婚帖仍没有进展,发帖人则在成为收入更高的斜杠青年后,继续寻找着自己梦想中的女友。

网友们最初产生兴趣的是他的身份,在通过搜索得知他是放弃谷歌工作、选择回乡发展的清华姚班毕业生后,便开始对他放弃追求世俗的成功表示称赞和祝福。之后,人们则开始关注他发布的照片——平平无奇的长相,略显肥胖的身材——毫不留情地对此加以嘲讽和羞辱。就这样,人们的关注点从针对他个人选择的评价,发展到更具有公共性的话题上,如身材焦虑、外貌羞耻等。这不禁也让我们思考:选择伴侣时,你最看重的是什么条件?

对于这个问题，也许相当一部分人都会脱口而出：颜值。通过颜值来选择配偶似乎是进化深埋在我们基因里的一个默认选项，但它其实并不是唯一重要的因素。

那么，在亲密关系中，颜值到底重不重要，它对男性和女性又有什么不同的影响呢？

01 | 颜值的魔力：美即是好

在心理学上有一种效应，叫作"美即是好"（what is beautiful is good）。也就是说长得好看的人，确实会给人一种美好印象。

人类对美有一些普遍的定义。例如，五官对称、拥有典型"平均脸"的人吸引力更高。平均脸是提取一群人的面部特征，求得平均值，并用计算机重新合成的面孔图像。2015年一项发表在《心理科学》上的研究发现，拥有此类面孔的人更受信赖，且由普通人的面孔合成的平均脸比用高吸引力面孔合成的平均脸更容易使人产生信任。所以，颜值的确对人们的社交形象有直接影响。

寻找伴侣时，颜值就更显重要。哥伦比亚大学的研究者莱纳德（Leonard）等人对美国交友网站HOT or NOT的数据进行分析，结果发现，潜在约会对象的颜值越高，人们越愿意提出约会请求。对方的颜值每增加一个等级，人们提出约会请求的可能性就会上升 130% 左右。并且，人们并不会在比自己更有吸引力的人面前打退堂鼓，只要有机会，大部分人都想找个高颜值的伴侣。

很多人可能会说，颜值只是决定了热恋的感觉，婚姻的质量可不能单单靠脸来保障。然而，首都经济贸易大学的博士生尹振宇和刘冠军基于2014年中国家庭动态跟踪调查数据，探讨了长相是否会影响婚姻满意度这一问题。研究结果显示，在模型中控制了年龄、健康、户籍和家庭等可能会影响婚姻满意度的因素后，具有吸引力的长相的确能够显著提升个体的婚姻满意度。其中，在单独构建的男性和女性模型中，男性比女性更具有长相优势，这意味着，男性的长相对婚姻满意度的影响要高于女性，长相俊美的男性比长相姣好的女性更容易获得美满的婚姻。而女性的身材对婚姻的影响要高于男性，也就是说身材越好的女性越能够获得满意的婚姻。

这个结论和学者们对美貌溢价——长相姣好的人能够获得更好的收入——的研究结论一致，即相较于女性，男性的收入更容易受到相貌的影响，长相俊美的男性能够获得更多的机会和收入，而偏胖的身材对于女性就业以及收入则具有负面影响。

02 | 束缚你的可能是颜值偏见

虽说在诸多研究中，颜值都被证实能够为关系中的个体增加优势，但其实每个人对美的理解都不一样，而对颜值的过度重视则可能是被文化基因赋予的一种偏见。例如，若是问起你觉得什么样的肤色最好看，许多中国女生都会回答说白皙的肤色，而美国白人则通常会表示自己最爱小麦色，他们中的很多人都想去晒黑变美。类似的审美刻板印象在相同肤色的人中也存在，比如，相同肤色的人也可能根据脸型、发型、鼻子形状、嘴唇丰薄、体形胖瘦等不同划分出美丑。

在群体层面，这种外貌偏见有时候也会带来悲剧。比如，在非洲卢旺达种族大屠杀中，约占人口85%的胡图族对约占人口14%的图西族进行了种族灭绝式大屠杀，造成80万到100万人死亡。本是同根生，为何被迫划分为两个对立的民族？看脸正是其中一个因素。比利时和德国殖民时期，外来的殖民者们正是通过肤色、身高等特征，甚至通过测量鼻子和眼睛的相关数据，区分出了胡图族和图西族，后来更是使用身份证制度，将两个族群乃至阶层牢牢固定了下来。

在个体层面，颜值是一种强加给自己的标准。如果不能妥善处理，可能会形成自卑心理，让你不敢去爱，也会影响亲密关系中的表现。

03 | 没有绝佳颜值，就注定找不到真爱？

虽然颜控没有错，外貌在吸引异性上也确实占有颇为重要的地位，但在实际生活和相处中，吸引力的来源是多种多样的，外貌并非决定性因素。清代文人陈文述就曾说过：十年以前，慕君之色；十年以后，爱君之才。经岁以来，感君之情；一夕之谈，重君之德。

总的来说，在世界各地，人们选择未来伴侣时主要有三条基本标准。

（1）热情和忠诚，值得信赖、亲切友善、给予支持、善解人意；
（2）吸引力和活力，长相俊美、性感、性格外向；
（3）社会地位和经济资源，经济宽裕、生活安心。

这些特点都可以构成吸引力的来源。在长期亲密关系中，男性更看重吸引力和活力，而非经济地位和经济资源；而女性更看重热情和忠诚，以及社会地位和经济资源。当人们在现实生活中寻找伴侣时，这些标准往往会比较灵活——毕竟追求到绝对完美的伴侣是很困难的。

另外，我们常说的"心灵美更重要"，也有一定的科学依据。2015 年王雨晴等人发表在《心理学报》上的研究发现，人格魅力对女性择偶偏好的影响高于男性。也就是说，女性比男性更倾向于选择与能被积极词汇标签进行归类的那些异性交往，如随和、尽责、活泼、情绪稳定、开放等。

值得注意的是，好性格还会对颜值有神秘加成。所以，无论固有颜值如何，培养出积极乐观的性格，对于择偶也是具有正向作用的。并且，互联网的普及使得建立和维系一段关系的门槛变低了，我们可能会因为品味、性格、喜好、第一感觉、智慧、笑点、颜值、声音等因素发展出亲密关系，从而更自在、更有弹性地与伴侣相处。

更何况，生活从不缺乏美，只要你懂得欣赏眼前的风景，只要你自信起来，就总能找到那份懂你的幸福。

```
┌─────────────┐
│  ·  6  ·    │
└─────────────┘
```

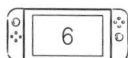

恋爱，结婚，生子，变老……
男人都比女人更幸福？
—
"男性规范"是怎么一回事

当我们看到一对男女在甜蜜约会，看到小两口带着宝宝在尽情玩耍，看到医院里一对老夫妻互相搀扶时，大概都会觉得无比温馨、幸福。但你是否关注过这其中的男女差异呢？事实上，经历同样的事情，男人和女人感受到的幸福却有所不同？

01 | 同样在恋爱，男女谁更幸福？

我们知道，一段好的恋爱关系可以让双方共同成长。但是一直以来，人们都觉得亲密关系带来的幸福感对男性的影响大于女性。事实真是如此吗？奥克兰大学的三位心理学家的研究对此做出了解释。

萨曼莎·斯特朗（Samantha Stronge）等研究者基于新西

兰一项全国性调查数据，选取出一批65岁以下的参与者，给他们分别寄出问卷，并在两个月后进行回访。问卷除了性别、有无伴侣等基础问题，还包括社会支持（如"如果我真的需要帮助，我可以依靠一些人来帮助我"）、自尊心（如"总体上对自己感到满意"），并测量生活满意度来衡量幸福感水平（如"多数情况下，我的生活接近理想状态"）。

分析结果表明，虽然单身男性的平均幸福感普遍低于单身女性，但有伴侣的男性的幸福感水平却高于有伴侣的女性。处于亲密关系中的男性对社会支持的感知更为强烈，这是因为男性从伴侣那里获得的支持相对较多。

有趣的是，与女性相比，男性在亲密关系之外获得支持的来源更少，得到的好处也不如女性多。研究者解释道，这是男性规范的作用。所谓男性规范，就是社会往往强调一个男人不应该软弱，认为寻求帮助、依赖他人是男性失败的标志。因此，男性一般不太依靠朋友或者其他社会支持，伴侣似乎就理所当然地成了他们唯一可以寻求支持、可以依赖的人。

02 | 生娃后，爸爸和妈妈谁更幸福？

我们往往觉得生孩子这件事对女性影响更大，妈妈更容易在宝宝那里获得幸福感，但真的是这样吗？五位美国心理学家就曾研究过有宝宝后父母二人幸福感的区别。

S. 凯瑟琳·尼尔森·科菲 (S. Katherine Nelson Coffey) 等研究者选取美国具有全国代表性的样本——共13007人, 其中 59.8% 是女性——调查了这些参与者的子女数量, 评估了他们幸福感和抑郁症状。结果表明, 与没有孩子的男性相比, 做父亲的男性幸福感更高, 但是做母亲的女性却没有获得更高的幸福感。

那么男性和女性间的具体差异又是怎样的呢? 研究者们随机招募了472名参与者——这些参与者平均都有两个孩子——评估了他们的生活满意度, 心理需求满足, 过去一周的情绪和烦恼程度。结果再次表明, 与没有孩子的同龄人相比, 当爸爸的男性的生活满意度、自主性、能力和上进心都更高, 而且情绪也很积极, 烦恼更少。与之相比, 妈妈们的自主性和上进心虽然有所提高, 烦恼却更多了, 情绪也不够积极。

为了了解其中的原因, 研究者们给4930名至少有一个孩子的参与者安装了一个名为幸福感追踪器的免费应用程序。这个应用程序每天会在用户醒着的时候与他们随机联系三次, 询问他们在干什么, 当下有什么情绪。

结果表明, 当爸爸妈妈在照顾孩子时, 幸福感会降低, 比如帮孩子准备上学的东西会让他们觉得很麻烦。但是当他们在和孩子玩耍、进行休闲活动时, 就会觉得很幸福, 因为这是和孩子培养亲密关系的机会。其中, 妈妈们和孩子的互动多半是在育儿，如换尿布等，而爸爸们更多地却是在享受家庭和工作结合的好处，和孩子的互动多以玩耍为主，这就是为什么男性会有更多的积极情绪。

所以，为了让妈妈们也能感到更幸福，爸爸们也要更多地承担育儿责任，让妈妈们有更多机会陪孩子玩耍，共同提升幸福感。

03 | 年老体衰时，夫妻俩谁更幸福？

当身体慢慢衰老时，健康问题也会接踵而来。这个时候，老年夫妻之间的相互陪伴和扶持，似乎就变得更加重要了。那么在身体出现问题时，夫妻间谁更能从对方的情感支持中获益呢？

琼·K. 莫宁（Joan K. Monin）等八位耶鲁大学的研究者招募了98对50岁及以上的已婚夫妇，让这些参与者分别填写基本信息、健康状况和他们之间的亲密程度。

研究者们设计了四种情境：夫妻双方都没有获得对方的支持、仅妻子获得了支持、仅丈夫获得了支持以及双方都获得了支持。这些夫妻会被随机地分到四种情境中的一种，进入实验室后，两人各自坐在一把椅子上，被一面墙隔开，以减少交流。实验过程中，丈夫与妻子轮流回答健康问题，过程中会被监测血压、心率和呼吸，另一方则需要根据实验要求在当下给予或不给予情感支持。

研究结果表明，当丈夫得到妻子的情感、行为等支持时，他的血压会降低，痛苦会减弱，和妻子的亲密度也会增加。而当只有妻子得到支持时，虽然两个人感到更亲密，但心率并不会降低，痛苦程度也没有明显的减弱。

这是因为在婚姻中，妻子通常更愿意接近他人的痛苦，加上女性更容易经历生理唤醒，并因此产生情绪波动，所以不管是自己生病还是对方生病，她们都更容易感受到痛苦，继而给对方更多照顾。而男性在日常生活中已经习惯自己被妻子照顾，生病时则更依赖妻子的情感支持，从而获得更多的益处。

当妻子生病时，她们很容易出现担心自己的身体是否拖累了家人的情况，丈夫的支持对她们来说是陌生的、不习惯的，因此无法从中获得太多益处。所以，倘若丈夫能在日常生活中给予妻子关心和呵护，分担妻子的压力，相互支撑，或许更有利于妻子的身心健康。

看起来，男性从恋爱到养娃到衰老，似乎都能比女性得到更多好处。但展示性别差异的目的并不在于让男性和女性站在彼此的对立面上，越离越远，而是要我们在更好地认识双方差异的基础上，给予彼此更多的爱、包容与支持。

男女之间的九种不同，和成千上万种相同

—

有关性别的心理学研究

男人和女人，同为占据地球食物链顶端的物种，彼此之间却又有诸多不同。甚至有人调侃说："男人来自火星，而女人来自金星。"

这种不同常常会造成男女之间的思维和认知偏差，进而带来偏见和冲突，也是情侣和夫妻之间吵架的重要原因。如果大家能够多一些对两性特质的了解，或许就能够多一分包容，少一点矛盾。

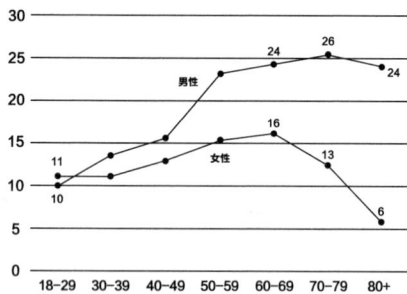

美国 2010—2016 社会大调查 US General Social Survey

▲ 男女出轨行为对比图

01 | 男人不仅更容易出轨，还更容易冤枉女人出轨

上图是美国一项社会大调查的结果，图中显示，已婚男性的出轨率高于已婚女性。从茶余饭后的闲聊到电影电视中的情节，我们一般的认知都是女性对男伴出轨信号的敏感度要高于男性对女伴出轨信号的灵敏度。然而，现实情况却往往是男伴出轨了，女方还浑然不知。心理学会如何解释这种性别差异呢？美国心理学家保罗·安德鲁斯（Paul Andrews）在研究了 203 个男男女女之后发现：女性虽然一直给人们一种敏感、细腻的印象，但在出轨嗅觉这一点上，还是男性的灵敏度更胜一筹。

当女伴发生不忠行为后，不管她在语言、视觉、气味等感官上散发出的信号有多隐晦，男性都会非常敏感。比如，剧集里总会出现男性出轨后身上沾了第三者的香水味，回到家后被女性伴侣闻到的情节。但女性出轨时，即便她的出轨对象身上没有像香水那样浓烈而独特的气味，对方留在她身上的气息也会被其男性伴侣敏锐的嗅觉捕捉到。但是，安德鲁斯也指出敏感不等于正确，这就是为什么男性更容易指责女性出轨，但这种猜疑很多时候又是无中生有的，是对女伴的冤枉。

同时，男女对伴侣出轨的态度也是不同的。如果把出轨分成"身体出轨但精神忠诚"和"精神出轨但身体忠诚"这两类，我们发现，男性对女性的身体出轨更不能容忍，而女性则更反感男性的精神出轨。

02 │ 依赖：男人比女人更黏人

大众普遍的刻板印象会觉得女性更离不开男性。但是2019年一篇发表于《人格与社会心理学公报》(*Personality and Social Psychology Bulletin*)的文章指出，美国学者在调查了13000多名男女后，发现单身男性的幸福感、生活满意度普遍低于单身女性，而有伴侣的男性的幸福感和生活满意度却高于女性。我国天津财经大学的一项数据调查也得到了类似的结论。

究其原因，这是因为女性的社交圈比男性更大、更广。人们可能会有些疑惑，毕竟传统认知是男性在职场上打拼，社交面应该会比女性更广。但实际上并非如此，男性的社交圈更多是事务性的，可能微信加了很多人，但聊得上天的没几个。女性就不一样了，她们可能会有很多闺蜜，与同事、老同学甚至邻居都可以成为亲密伙伴。

美国罗切斯特大学的拉德·惠勒(Ladd Wheele)和哈里·赖斯(Harry Reis)指出，影响男性孤独感的决定性因素是每天跟女性接触的时间。也就是说，其实男人更离不开女人。

那么，情侣或者夫妻分开后，谁会更难适应呢？老年心理学领域的权威期刊《老年学杂志：心理科学》(*Journal of Gerontology: Psychological Sciences*)曾发表过一项研究结果：在丧偶之后，男性幸福感的下降会比女性快很多，孤独感也会比女性更强烈。

配偶健在（A）—— 失去配偶（B）

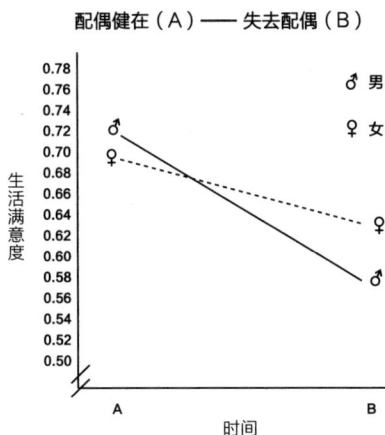

▲ 老年丧偶男女生活满意度的对比图

因此，老年丧偶的女性的平均寿命会比男性更长，身心健康也能维持在更高的水平。

03 | "渣力值"：渣男不一定帅，但渣女一定美

我们普遍认为男性更"渣"，容易玩弄感情，伤害他人。但研究表明，男女"渣"起来其实差不多。

在心理学上，"渣"往往跟黑暗三联征（Dark Triad）有关，它包含三种黑暗人格：第一，自恋，突出表现为自我感觉良好，拥有此类人格特征的人在生活中往往贪图虚荣，非常在意自己的形象，在人群中很有表现欲，喜欢通过贬低他人来抬高自己；

第二，马基雅维利主义：唯利是图、冷漠无情，会为了自己的利益欺骗、操纵他人，为了达到目的不择手段，拥有此类人格特征的人喜欢享受权利，却不喜欢负责任；第三，精神病态，主要表现为冲动、热情、喜欢追求冒险和刺激的东西，拥有此类人格特征的人暴躁起来会出现可怕的反社会行为。其中，自恋型和精神病态的男女都更不喜欢严肃的恋爱关系，不希望为关系负长期责任，会同时发展多个暧昧对象。

但除了这些共同因素，男女的"渣"也存在一些差异。

（1）表现形式

奥地利格拉茨大学曾做过一项研究，分析暗黑人格的男女差异。研究发现，一旦排除了外形吸引力，自恋型女性的吸引力就没有了；而一旦排除了外向的性格，自恋型男性的吸引力也就没有了。简单来说，长得漂亮又自恋的女性和外向又自恋的男性最受欢迎。

（2）内在渴望

在很多暧昧关系里，一方会对另一方提出很多越界需求，但是又不承认彼此是在恋爱。这种情况下，女性更看重的是关系，男性更看重的是利益。

"渣女"希望备胎给自己带来安全感，她们会依赖对方，利用对方的爱来满足自己的需要。"渣男"想要的则是性和权力的满足，他们对所追求的女性并没有投入真正关系中的情感。

（3）自尊水平

"渣男"和"渣女"们有一个共同的人格成分，那就是自恋。但是心理学家们认为自恋也分两个类型：脆弱型自恋，表现为低自尊、易焦虑、内向；浮夸型自恋，表现为外向、高表现欲、傲慢。

心理学家找到了42篇关于暗黑人格的研究，把这些研究里面包含的46735个样本的数据进行了元分析[1]，发现"渣男"大多为浮夸型，"渣女"则有很多是脆弱型。她们表面上风光十足，内心却很没安全感，自尊心很低，往往会通过发展多个备胎的方式来消除自己的焦虑，制造一种"我永远都有人爱"的幻象。

04 | 智商：谁再敢说女人比男人笨？

过去有很长一段时间，女性的平均智商值比男性低了5%左右。不过近几年来，越来越多的智商测试统计发现：女性的分

---

1 元分析（meta-analysis）统计方法是对众多现有实证文献的再次统计，通过利用相应统计公式，对相关文献中的统计指标进行再一次的统计分析，从而可以根据获得的统计显著性等来分析两个变量之间真实的相关关系。

数已经赶上了男性，而且还有反超的势头。

这个现象背后的原因之一是女性的智商本身就不低，社会环境如教育和工作环境等方面的区别对待，很有可能协助塑造了男女大脑的某些差别，所以要格外小心性别陷阱。好在随着女性可获得的教育机会与资源的增加，其智力也得到了比以往更多的发展机会。

05 ｜抑郁：女性更需要关爱

根据世界卫生组织（WHO）和美国卫生研究院（NIH）在2011年发布的数据，女性比男性更容易受到抑郁症困扰。在14到25岁的人群中，女性罹患抑郁症的人数比同龄男性更是高出两倍有余。

数据是冰冷的，要理解这一巨大的差异，我们必须明白其背后的生理和心理机制。生理机制方面，女性体内的血清素（serotonin）分泌速率比男性低了足足52%。而血清素作为一种神经传递介质，是能够产生愉悦情绪的信使，影响着大脑活动的方方面面，血清素水平较低的人更容易抑郁。心理机制方面，女性更容易成为别人自我坦露（self-disclosure）的对象。也就是说，无论男女，当我们有心事的时候，都更愿意找女性作为聆听对象，她们也因此接收了更多负能量。同时，女性之间在互相吐露抑郁情结时，容易开启共同反刍（corumination）模式，让抑郁较为容易通过一个女性传递给她的朋友，这也进一步增加了女性受抑郁影响的可能性。

以上结论都是经过严谨的科学实验研究得出的，接下来的一组调查研究，主要来源于民间组织自发的社会活动。虽然其严谨度可能稍打折扣，但这些调查结果均发表于国外国家级媒体官网并受到大众的广泛关注。

06 | 男人和女人，谁更爱照镜子？

英国一项调查发现：男人平均每天照镜子23次，女性则只有16次。

07 | 男人和女人，谁更可能用手机上瘾？

一项调查表明，在每天使用手机超过四小时的人中，女性比男性多出30%。有20%的女性在调查中表示，一离开手机就会觉得有一种异样的不安全感。

08｜男人和女人，谁更可能主动提出离婚？

2015年，美国斯坦福大学社会学家迈克尔·罗森菲尔德（Michael Rosenfeld）在收集和分析2262份问卷后发现，当已婚男女的婚姻出现问题、双方在考虑离婚时，70%的离婚都是由女方提出的。相比男方，女方对婚姻中不正常的、让彼此不舒服的因素更为敏感，也更倾向于通过提出离婚来为这一切画下句点。男人很多时候则更可能觉得"凑合凑合过就行了"。

09｜男人和女人，谁更喜欢在背后嚼舌根？

调查显示，男人平均每天花76分钟用来和朋友、同事聊关于其他人的事情，而女人平均只聊52分钟。还有一项研究发现，当男人听闻一个秘密时，他会立即和身边的人分享，而当女人听闻一个秘密后，她会选择在把这个秘密保持住平均3.5小时之后再和别人说。

2005年，美国威斯康星麦迪逊大学心理学家海德博士（Dr. Janet Shibley Hyde）通过大数据分析的方式，收集大量关于男女差异的心理研究，并进行了数据合并——比如，心理学家 A 研究了100个男女的性格差异，心理学家B研究了50个，心理学家C研究了200个，等等，海德博士做的就是把这些心理学家的实验数据汇总起来，进行大数据分析。之后，她发表了一项轰动心理学界的研究结果：那些单项研究结果中的显著差异在经过分析叠加之后，居然都变得很微弱，甚至快消失了。换言之，道德、情感、性格、自尊、智力、行为和认知等方面的男女差异，在大数据面前几近消失。

男人和女人都生活在同一颗星球上，而当我们用性别刻板印象来看待一个人的时候，会影响我们对这个人的理解，从而滋生偏见甚至是歧视。所以，比起揪住男女之间的差异点不放，不如多关注大家作为人的共性以及作为独立个体的性格，看见更加具体和立体的彼此。

PART 2

告别单身：表白的技巧

1

友情以上，恋人未满
—
六大友情技能和爱情三角理论

世上的恋人大多以朋友的身份相遇，然后相识、相伴、相惜。有些人很清楚自己对身边的异性朋友毫无超越友情的感觉，而有些人看着眼前的朋友，却是整天小鹿乱撞，又怕破坏当下的关系。

　　"你说得倒轻松，我要是能听清自己的心声，就不会苦恼了！"

　　"我现在最大的苦恼，就是不知道自己对他的感觉到底是朋友间的喜欢，还是在向爱情发展。这个在心理学上有什么界定吗？"

　　"我最近和一个朋友走得很近，对他的感觉好像已经超越了普通朋友……但我们从没聊过这个话题。我不敢打破现在的平衡，又怕失去一个能争取到爱情的机会。"

　　"但如果我真的爱上了我的朋友，那该怎么办？对方看起来对我也挺有好感的，但万一他真的只是把我当朋友看，表白之后岂不是很尴尬？如果这么一来害得大家连朋友都做不成了，我岂不是肠子都要悔青了？"

以上这些关于喜欢和爱、友情和爱情的留言，我们经常收到。不难发现，这世上大多数的爱情，都是从一种名为"喜欢"的好感升华而成的。而两个人之间的"喜欢"，又往往是从做朋友时开始培养的。那么友情和爱情、喜欢和爱，它们之间到底是什么关系呢？

01 | 问世间情为何物：心理学家眼中的爱情

在了解友情和爱情的区别之前，我们或许需要先给它们下个定义。但是想要定义这两个词又谈何容易，有千万个人，就有千万种爱情和友情的形态。这些情感各不相同，对每个人而言却是同样的举足轻重、刻骨铭心。

此外，爱情和友情的界限比较模糊，所指代的领域经常彼此交叉重叠。一方面，这两者在概念上本身就有重合的部分；另一方面，人们在使用这两个词的时候，不会刻意去区分它们。我们说友情的时候，也会用到"爱"这个字眼，比如"我爱我的朋友们"。有时候我们又会用友情来说爱情，比如"我的爱人是我一辈子的好朋友"。

心理学家也是人，他们和我们一样，也会在友情和爱情之间犹豫不决。于是，他们决定将这种灵魂考问变成研究课题。对于友情，心理学家基思·戴维斯（Keith Davis）和迈克尔·托德（Michael Todd）早在 1982 年发表的学术文献《友情与爱情》（*Friendship and Love Relationships*）中就提到，真正的友情需要具备六大要素：彼此接纳、信任、尊重、保密、理解和自发主动性。这其中的每个要素都是一项维系友情的能力，也是一段恋爱关系能够长远稳固的基础，因为缺乏这六项交友技能的人，往往也很难维系和稳固爱情关系。

美国耶鲁大学心理学教授罗伯特·斯滕博格（Robert Sternberg）提出了爱情三角理论（Triangular Theory of Love），他认为人与人之间的爱情有三个构成要素，缺乏其中的任意一项，都不算拥有真正的爱情。这三种要素为：激情，即情绪上的着迷，也可以简单理解为生理上的性欲；亲密，即两人在爱情中靠近对方，给彼此带来的舒心和温暖；承诺，即开始爱一个人的决心（短期承诺）和长远经营关系的愿望与行为（长期承诺）。

这三种要素是爱情的必需品，对于友情而言却不是必需的。可见喜欢就是一种好感，一种简单的、舒服的心动。然而爱情除了这种好感和心动，还需要有责任，有动力，有手拉手走过一生的勇气——这是喜欢和爱之间的分水岭。

在斯滕博格眼中，既有激情与亲密，又能在短期和长期都为对方许下承诺，这种便是完美爱情（Consummate Love）。那么，如果缺了三要素中的一个或是两个，会是一种什么样的二人关系呢？

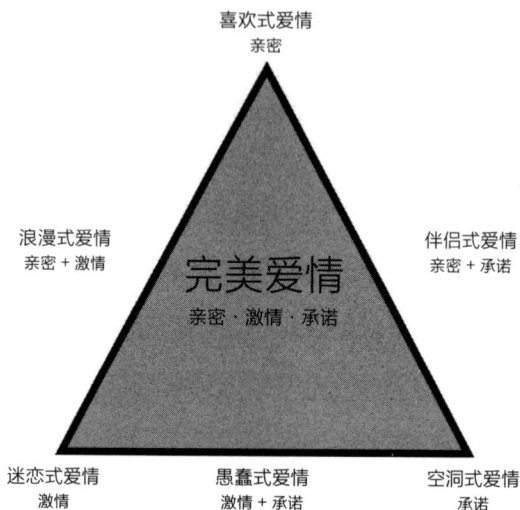

三角形顶点及各边标注：

喜欢式爱情
亲密

浪漫式爱情
亲密＋激情

完美爱情
亲密·激情·承诺

伴侣式爱情
亲密＋承诺

迷恋式爱情
激情

愚蠢式爱情
激情＋承诺

空洞式爱情
承诺

▲ 斯滕博格的爱情三角理论

（1）只有亲密——喜欢式爱情（Liking）

　　在一起感觉很舒服，但是觉得缺少激情，也不一定愿意厮守终身。

（2）只有激情——迷恋式爱情（Infatuation Love）

　　认为对方有强烈吸引力，除此之外，对对方了解不多，也没有想过将来。

（3）只有承诺——空洞式爱情（Empty Love）

　　缺乏亲密和激情，如纯粹为了结婚而结婚的爱情。

（4）亲密和激情——浪漫式爱情（Romantic Love）

缺乏承诺，崇尚过程，不在乎结果。

（5）亲密和承诺——伴侣式爱情（Companionate Love）

缺乏激情，与空洞式爱情类似，就像是一段四平八稳的婚姻，夫妻双方对彼此只有权利和义务，没有感觉。

（6）激情和承诺——愚蠢式爱情（Fatuous Love）

缺乏亲密，这种情况下的亲密顶多是两人生理上的冲动，承诺也不过是空头支票。

值得注意的是，这六种爱情都带一个"式"字，因为斯滕博格认为，它们只是"类似爱情"，或者是"不完全的爱情"。这不是在苛责任何人，因为敢于去爱是一种能力，但爱情是需要体验和练习的，而练习和体验都需要时间的沉淀。因此那些初尝爱之滋味就能找齐三要素的人，恐怕少之又少。所以这也就不难解释为什么初恋无论多么刻骨铭心，也很少能成为和我们厮守终身的人了。

02 ｜友情以上，恋人未满：区分爱情和友情的四个方法

斯滕博格的爱情三角理论为我们提供了一个清晰的理论框

架，但它不免有些抽象，运用到现实生活中还是有些难度。下面则是一些能够更为直接地识别友情和爱情的方法。

（1）为你的感受强弱程度打分

从你感受到的情绪中，能够看出你把一个人当成朋友还是爱人。这里指的不是情绪本身的内容，而是你感受到的情绪的强弱。爱情带来的感受，比友情要强太多。比如，若是你的朋友住院了，你当然会去看他，也会担心他。但若他是你爱着的人，那这种担心和对病痛的感同身受会让你睡不着觉，也无法专心于工作和学习，只想飞奔到对方身边，给他最周全的照顾。

可以尝试根据自己的实际情况，制定一个感受强弱度的评分标准，然后在和不同朋友相处的过程中记录下每次感受的强度。若有一个人给你的感受强度明显高于别人，那可能就不只是友情了。

（2）留心自己的生理反应

每当所爱的人靠近，你会感到心跳加速，持续一路飙向限速区，很难停下，这和因朋友突然带来惊喜而产生的短暂心跳变化是很不一样的。

《名侦探柯南》有一部剧场版，叫作《通往天国的倒计时》。其中有一个情节是少年侦探团的几个成员必须在不看秒表的情况下准确倒数30秒，结果只有步美这个小女孩做到了，而她的秘诀就是和柯南紧紧靠在一起，因为这样她光是听着自己剧烈的心跳就能准确数秒——这可能就是真爱的力量吧！

除了心跳加速以外，面对所爱的人，你还有可能会手心出汗、说话声音颤抖，而且最重要的是，这些生理反应都是你无法控制的。

（3）这个世界上必须有他的存在

哪怕是再好的朋友，一两个星期没有联系都是没问题的，可能过了一个多月，一个电话也能约出去看电影、逛街。但如果你对一个人不只是友情，那么，哪怕只是一天没有对方的消息，都会感到很煎熬。与这个人日常的、频繁的交流和互动，不知不觉已经变成了你赖以生存的氧气。如果你的脑子里整天都会自觉不自觉地浮现对方的身影，看到微信上跳出对方发来的消息就兴奋不已，甚至会做关于对方的白日梦，那么这可能就不只是友情了。

（4）你们的共同好友也许有重要线索

你可以尝试听听你们共同好友的意见。这不是要你去问他们"我该怎么办"，而是要在说明情况之后，问问他们："你们有没有注意到××在对待我和对待你们的时候，有什么不同？"

这个问题非常关键。如果那个你非常在意的人背地里其实也对你特别关心，那么你们的共同好友一定已经注意到了某些小细节，并可能这样吐槽反应迟钝的你："你刚从 KTV 包厢里起身去洗手间，他就开始询问关于你的事情了。""他给你准备圣诞礼物时花的时间是其他人的两三倍，你们其他的朋友都开始妒忌了！""你们早该有进一步发展了，居然磨蹭到现在？"

03 | "我真的爱上了自己的朋友！我该怎么做？"

当你发觉自己爱上了朋友时，也许会既紧张又害怕。你害怕被拒绝，更害怕这份感情若是自己的一厢情愿，在坦露心声后，双方连朋友都做不成了。如果你也遇到了类似的情况，心理学家们提供的以下五个方法，或许可以带来些许启示。

（1）拿出自信和勇气

无论怎样，对方是把你当朋友的——能够践行前文提到的友情六大要素，和你维持友谊，就说明对方对你有最基本的好感，认为你是一个值得付出时间、精力和情感的人。在这种情况下，你需要多一点自信，因为这份自信可以在你不知所措、左右为难的时候，帮助你找到最适合的措辞、采取最恰当的行动。

（2）在语言和行为上做出细微变化

你需要仔细观察，你们和共同好友之间，是否存在一些通用的习惯用语？如果有，你需要在一对一的沟通过程中，把这些语言全部改成专属于对方的表达方式。另外，行为上的小变化也能引起对方的注意力。举个例子，大家一起出去喝咖啡，你很清楚地记得对方喝咖啡时不加奶，只加一包糖。于是你自告奋勇帮所有人去吧台取咖啡，但唯独在他的咖啡杯旁放了分量刚好的一袋糖包。类似的小变化多了，对方想不察觉到都不行，而且只要你的这些小动作真的与对方的喜好契合，对方只要多注意到一次，对你的好感也会多加一分。

（3）适时地"撩"一下

和对方说话时，可以试试多创造一些眼神交汇的机会，并且在交汇后多停留几秒。你也可以试试增加一些身体上的小接触。比如，上面提到的去咖啡厅的例子，你可以在端咖啡时，轻轻碰一下对方的肩膀，友善地提醒："嘿，你的美式咖啡，不加奶，一包糖。"

以上的第二点和第三点都是出于同一个目的，即让对方渐渐感受到，同是朋友，但你的注意力和关怀已经是言语和行为层面上的特别关照，处处体现着温暖。要注意的是，这两步是循序渐进的，第二步是不动声色的改变，第三步是主动让对方注意到自己的一些语言和行为，前者是后者的基础。

（4）创造独处机会

约会是每个人都可以想到的方法，但是你也许不知道该怎么开口。那么以约对方出去看电影为例，下面的对话场景就可以借鉴看看——

> "最近上映了一部恐怖片啊！你不是超爱木乃伊和僵尸嘛！"
>
> "是啊，但是我不敢一个人去看，又没其他人喜欢这种东西。"
>
> "我喜欢！而且这部电影的导演是我超佩服的实力派！不然我们两个一起去吧！"
>
> "好啊！"
>
> "周五晚上下班后如何？就在ＸＸ电影院好吗？我刚刚搜了下，那里离公司和你住的地方都不远。"

注意到上述场景中的几个要点没有？首先，不露痕迹地通过对方的喜好打开话题，展现你对对方的了解和关心；其次，巧妙提出单独约会的提议，同时还通过地点的选定表现出你的体贴和周到；最后，你在对话时也提及了自己的兴趣点，自然而然地表达了自己的喜好，体现出你们兴趣点上的交集，不做作也不牵强。

（5）吐露心意，也尊重对方的回应

总有那么一个时机，量变会累积成质变。当你觉得是时候了，请开口，坦诚面对你的内心。表白之后，你可能面对的结果有三种。

第一种，对方答应了你。如果是这样，那就皆大欢喜。

第二种，对方拒绝了你。这种情况下虽然会有点难过，但是能把自己的心情说清楚、明明白白拒绝你的人，也是值得深交的好朋友。这时候，你可以试试和对方——也和自己——作这样的表达："谢谢你对我如此坦诚。我原本希望你对我也有一样的感觉，但现在我明白了，你对我的感情和我对你的不一样。请相信，我不会试着去改变你的。如果可以的话，我想继续和你做朋友，但也请你体谅我的心情，给我一些时间和空间来调适心情，可以吗？"接下来，只要你们还珍惜对方，就还是能做回朋友的，因为你们对彼此的尊重和友爱从未减少。

第三种，对方的回应模棱两可，不清不楚。这是最复杂的情况，因为这既可能是进一步向爱情发展的机会，也可能是对方不太想接受你，但又怕你伤心，所以也不表示拒绝——但这反而会阻碍你们的沟通，到最后往往连朋友也做不成。遇到这种情况，也许只能把一切交给时间了。你们最后会变成什么样，取决于太多不确定的因素，有性格原因，有其他朋友在此过程中的行为，还有诸多捉摸不定的变数。无论如何，最重要的一点是：在你为了真心付出努力的整个过程中，千万记得第一步的"自信",永远不要迷失了自我。

很多心理学家和咨询师都给出过爱情贴士,虽然他们的理论和建议不太一样,却有着一个基本共识:爱情对每个人来说,都是独特的体验,而对一段体验来说,最重要的就是真实。只要真真切切地付出过一次,无论是友情还是爱情,你都不会被辜负。

美国心理学家欧文·亚隆(Irvin Yalom)曾说过一句话:"我所梦想的一种爱情,是两个人共享一种共同追求某种更高层次真理的热情。或许我不应该称呼它为爱情,或许它真正的名字,是友谊。"亚隆并不是在说友情可以替代爱情,友情等同于爱情,抑或是友情高于爱情。他是在告诉我们:一段长久的亲密关系,必定是友情和爱情的合二为一。能有一个既是朋友又是爱人的人常伴左右,大概是这世上最幸福的事情。

2

越难被追到的人，就越会被珍惜吗？

—

"欲擒故纵"的心理真相

我们收到过一位读者的留言：

> 我今年大一，学的是理工科，班上基本都是男生。
> 上周一个男生跟我表白，我其实也有点喜欢他，但是却不
> 知道要不要答应他。因为听闺密说，太容易被追到，就不
> 会被珍惜。毕竟在一群男生里我还是很抢手的，不能显得
> "贱卖"了。现在的我该怎么办呢？有点迷茫。

她的留言中有两个很有意思的词："抢手"和"贱卖"。如
果从商品经济的角度来理解爱情，这么说确实有道理，因为在
人们的眼中，一个稀缺或难以获得的产品的确比容易获得的产
品更有价值。

但问题是，爱情究竟是不是一个市场，是不是越难被追到
的人，就越容易被珍惜？

01 | 得不到的永远在骚动

2013年，悉尼大学的心理学家们曾做过一项实验。他们招募了270名大学生参与一个校园约会，每个人会收到三个文件夹，分别标着 A、B、C。研究者告诉他们，信封里有一些人物资料，这些人都是被其他学生评价为非常有魅力、非常吸引人的对象。其中，文件夹A中是一个非常热情的人，愿意与一些刚认识的人约会；文件夹B中是一个相对捉摸不透的人，偶尔会和刚刚认识的人约会，通常情况下，他不会直接拒绝，但是也不会轻易接受他人的表白；文件夹C中是一个非常高冷的人，从来没有和刚认识的人约会过，基本都是直接拒绝表白和约会请求。

接着参与者会被问到三个必答的问题：第一，如果选择跟其中一个人约会，你会选谁；第二，如果选择跟其中一个人发生随意的性关系，你会选谁；第三，如果选择跟其中一个人建立一段长期、忠诚的感情，你会选谁。

实验结果表明：总体上，人们更愿意和热情型的人发生随意的性关系，但是更喜欢跟相对捉摸不透的人约会，或者建立一段长期稳定的关系。但这些选择也存在一些性别差异：男生更喜欢跟热情型女生发生性关系，而女生则更喜欢跟高冷、捉摸不透的男生发生随意的性关系；在长期伴侣的选择上，男生和女生都偏爱捉摸不透的对象，但是男生会比女生更偏爱高冷的对象。

总结起来，无论是男生还是女生，都更喜欢跟捉摸不透的人建立一段长期的、忠诚的爱情。经过分析，研究者们发现这种选择背后的原因是，人们普遍认为捉摸不透的人相比于热情的人会显得更矜持，出轨的可能性较低，比较可靠。此外，这类人患性病的风险更低，且通常具有较好的社会声誉。所以，如果爱情有市场，那么在这个市场里越难得到的人，确实更容易被珍惜。

那么，如果你想让自己显得更稀罕、更有魅力，可以怎么做呢？该研究团队还特意总结了五大欲擒故纵的手段：第一，让自己显得很忙；第二，让自己较难被联系上；第三，表示自己有多个正在了解的人；第四，一开始显得对对方饶有兴趣，后来兴趣就淡了；第五，偶尔关心对方一下，但不会持续。

这项实验像是把背景设定成了一个大型相亲市场，每个人都是一件明码标价的商品，等待被挑选。但是在现实生活中，爱情可能不是这样的。有可能你跟一个同学相处了很久，才发现自己喜欢对方，并决定表白。此时你不仅了解对方的脾气，也了解很多其他方面。

那么，在现实的恋爱中，这些"欲擒故纵"的魅力还会奏效吗？

02 | 喜欢对方，难道就不能真实说出来？

2019年，美国阿德菲大学做了一系列的研究，试图挑战上一个实验得出的结论，打破人们对欲擒故纵（Play Hard to Get，简称PHTG，即明明喜欢，却故意吊对方胃口）的认知。

研究者们招募了175名大学生，将上面的五大欲擒故纵手段做成量表，根据他们使用这些手段的目的，将其分成了长期和短期两种：长期指的是运用欲擒故纵手段，去寻求一段长期稳定的关系；短期指的是运用欲擒故纵手段，去寻求随意性关系。

接着，研究者们测试了参与者的自恋人格、恋爱关系质量等。结果发现，长期使用欲擒故纵策略容易导致恋情不稳定。自恋人格和唯利是图的人，更容易长期使用此种策略，但他们维持一段恋情的时间通常很短，并且对当下恋情普遍不满意，不想跟伴侣拥有未来。也就是说，现实生活中，如果你想跟某一个喜欢的人发展一段长期的恋情，那么欲擒故纵并不是一个好方法。

此外，研究者们还发起了一个"真实做自己"的测试。真实做自己，即认为真诚对一段恋情至关重要，并且对伴侣的欺骗行为无法忍受。这些人觉得恋爱本身就是一场冒险，不管喜不喜欢一个人，都应该真诚地表达自己，哪怕结果不尽如人意，他们也愿意承担。研究发现，在恋爱中越真实的人，越少使用欲擒故纵策略，在谈恋爱时会对伴侣更加忠诚，幸福感更高，恋情也更加稳定和长久。

既然恋爱中"真诚表达自己"如此重要，为什么在约会初期人们更容易迷上捉摸不透的人呢？对此，阿德菲大学团队决定沿此继续探究。

问题一：欲擒故纵，更容易吸引到哪一类人？

研究者给参与者提供了两种人物描述：一类是真实做自己的人，一类是让人捉摸不透的人。接着，他们让参与者评估这些人的魅力值，以及自己更希望跟哪一类约会。结果发现，女生普遍更喜欢真实的男生，而越自恋的男生，越容易被捉摸不透的女生吸引。因为对他们来说，越难得到的伴侣，越能充分满足他们的征服欲。

问题二：欲擒故纵的背后，是怎样的心理需求？

研究者要求参与者做了一系列依恋测试，并设计了一个场景，要求他们回答：想象一下，昨天你和一个不错的人进行了第一次认真的约会，今天你收到短信，对方说他/她玩得很开心，想知道你们什么时候能再见面。假设你接下来的日程表是自由的，你会怎么做？约明天见，过两天见，还是下周再见？再假设你此时并不忙，可以马上回消息，那你会立刻回复吗，还是等几个小时再回？

结果发现，依恋安全感越低的人，越容易在这个时候进行推迟。他们不会立马回信息，而是吊足了对方的胃口之后再回复。同时，他们也不会答应明天约会，而是把时间尽量往后推。这些推迟策略正是前面提到的欲擒故纵手段的一种。依恋安全感低的人，因为害怕感情没有结果，害怕自己不被珍惜，因此会采取各种手段让自己显得捉摸不透。

03 | 让自己保有理智的矜持，而不是焦虑地伪装

让我们回到最开始的问题：是不是越难被追到的人，就越会被珍惜？

如果把上述两个研究结合起来看，我们会得到一些有趣的答案：如果你想让自己在一个新的环境里更引人注目，或者让自己在相亲时更吸引人，那你可以学会通过适当的矜持来增加自己的神秘感和魅力；如果你喜欢一个人，想要进入一段长久的关系，那么就不要依赖欲擒故纵这一招了，让自己真实一点才会更幸福。

同时，这些研究也抛给了我们一个问题：当你故意拒绝别人时，是因为没有安全感，害怕自己不被珍惜，还是真的在好好考虑一段感情的未来呢？

关于这个问题，有这样一个案例。小A是个很漂亮的女生，长相甜美，多才多艺，从小到大都被男孩子围着转。上大学时，她有很多追求者，可是她几乎从来不答应人家的表白。每年生日，她会收到很多个男生的礼物，也一一发短信去感谢，却不会跟其中一个单独约会。这位同学曾经无意间提起，她从小很缺爱，父母对她的关注特别少。所以每当有男生追求自己，她就会觉得自己原来是挺有价值的，不想破坏这种感觉。

在这位女生身上，你会发现这些疑似欲擒故纵的手段并不是她理性的择偶方式，而是一种体现自我价值的方式。她通过

拥有更多的追求者来维护自己内心的安全感，这样的她虽然显得魅力十足，却很难拥有一段幸福的感情。

也有一些女孩子，她们同样会在感情中表现得很矜持，不轻易跟男生约会，但她们这么做却是因为自信：坚信自己值得一份美好的爱，因此愿意认真观察和等待，直到遇见自己真正喜欢的人——心态显然和前面提到的女生不一样。

所以，下一次如果还有朋友像本文开头的那位读者那样，犹豫着要不要答应收到的表白，或许可以反问自己：我是真的非常喜欢对方吗？如果喜欢得还不够，那就继续了解再说；如果只是喜欢被追的感觉，不如做回真实的自己！

3

科学模拟相亲，最有钱、最漂亮的反而落单了？

—

爱情匹配假设

选择伴侣时，你最看重什么条件？这大概是心理学上永恒的谜题之一，麻省理工大学著名心理学家丹·艾瑞里（Dan Ariely）曾在《怪诞行为学》（*The Upside of Irrationality*）一书中介绍了"爱情匹配"实验，试图揭开男女择偶的规律。最近国内首档大型心理学真人实验的体验类节目——《幸福实验室》，就把该经典实验搬上了荧幕，探究人们挑选配偶时的心理。

01 ｜ 实验模拟相亲，会出现什么状况？

节目组在网络上招募了20名单身男性和20名单身女性，所有人穿上款式相同的衣服，女性是黄色的，男性是黑色的。之后工作人员将40顶编过号的帽子打乱顺序，给他们随机戴上，并且大家都不知道自己的编号是多少。唯一确定的是女士单数编号，男士双数编号。

实验规则是要在15分钟内说服一名异性跟自己配对，大家可以说任何话，但是不可以告诉对方头上的数字。配对成功的两个人可以获得一笔奖金，金额是头顶上的数字相加再乘以10。也就是说，在这场实验里，我们可以把数字看作参与者的财富，代表本人的社交价值之一，你配对的那个人数字越大，你们得到的金钱收益越多。

实验开始后，现场瞬间成了一个大型相亲会所，大家第一反应都是找分数高的。但金钱会是最后两两配对的决定性因素吗？究竟谁能跟这些人成功匹配呢？

戴着39号帽子的女生，一开始就门庭若市。她不仅分配到的数字大，颜值还很高，很多人主动搭讪，她因此马上意识到了自己的数字应该是在35往上。因此，面对眼前执着于自我推销的2号、4号和22号，她毫不犹豫地说："我都不会选。"

40号男生开始在原地停了15秒，发现完全没有人过来，当时就慌了，以为自己数字很小。而当他主动找人打招呼时，发现35号和31号女生都在一堆数字还不错的人中选择了他。"根据大家的反应，我知道我的数字够大，有了足够的底气，所以也想去争取一下39号。"于是，他放弃了35号，开始冒险接近 39号，以谋求更大的利益。

结果40号一接近39号，就遭到了其他男生的集体贬低："他三心二意，刚刚撩了别的女生又跑了。""他这么花言巧语，这种人可信吗？""光有钱有用吗，他不靠谱。"……在一片反对声中，40号站出来，高傲地说了一句："但是我号码大。"

39号女生始终没说话。40号男生眼看着快被挤走了，便跟女生说："三秒的时间，你告诉我行或者不行。"女生听后呆住了，感到眼前的人很高傲，摇头拒绝了。就这样，豪门联姻失败。

中间段位的人中，22号男生从一开始就站在39号身边，不离不弃，他的策略是：甘当备胎。在与众多男生一起"抢女神"的过程中，他慢慢发现自己的数字大概在20往上，比上不足，比下有余，于是他跟39号女生说："没关系，我会一直在你旁边。如果你最后觉得其他人不合适，那就跟我在一块，绝对不亏。"

18号男生的策略则是"再等等"，他并不想主动抢什么，只是原地观望。这样的他，后来就成了场上的"男闺密"，跟每个来打招呼的女生们聊聊鸡汤，安慰被拒绝的女孩们，然而嘴上还是说着"再等等"。

这两种策略背后其实是有心理学依据的。美国密歇根大学心理学家罗伯特·扎荣茨（Robert Zajonc）曾经做过一个实验，他招募了一批美国学生，让他们看一些汉字，其中一半的汉字事先看过，一半没有看过，然后再把这些汉字随意打乱，让学生们去挑选哪些汉字是自己喜欢的。结果意外发现，人们会偏爱那些看过的、熟悉的汉字。这个现象被称为"简单曝光效应"，在爱情中也就是日久生情。甘当备胎的22

号和跟所有女生混成闺密的18号，都是希望通过混个脸熟增加被挑中的概率。

至于全场最低分的2号男生，他一开始非常主动，找到了39号女神，并且以颜值作为诱惑说："不用管数字，看脸就行。"对方一脸嫌弃。接着他找到了5号女生，结果对方竟然也转身离开，这时他明白自己估计就是全场最低分之一了。于是，他转而对23号开始土味表白说："你忘了吗，刚开始的时候你看了我一眼？那就是一见钟情的时候。"这不出意料地遭到了嫌弃。事后采访时他说："本来胜算就不大，不如挑战一下自己，所以我挺主动的。"

02 | 结果揭晓，我们发现了三个惊人规律

（1）规律一：最优秀的人，反而容易被落下

39号女生从头到尾站在原地，没有主动去争取任何一个人，而面对众多选择她又犹豫不决，做不了决定。最终戏剧性的一幕发生了：最后一分钟时，她身边的人都相继离开了。全程甘愿给她当备胎的22号，在发现人群中的23号女生还没对象时，也果断选择放弃，和23号配对成功了。与此同时，条件优越的38号和36号也都找到了心仪的匹配者，就连4号也放弃挣扎，走向了1号。最后10秒时，39号身边已经没人了，她在慌乱中被一

个男生拉走，被迫组队成功，而那个人正是之前一直站在中间，口头禅就是"再等等"的好闺密18号。虽然结局很戏剧化，但这并不是偶然现象，心理学家早就发现：最优秀的人往往最容易被落下，甚至最终可能会和条件远不如自己的人配对。

美国著名心理学家巴里·施瓦茨（Barry Schwartz）曾说，幸福意味着拥有自由和选择，但更多的自由和选择并不能带来更大的幸福，相反，选择越多，幸福越少。这是因为人在做选择之前，都会想象自己做了另一个选择，从而假设有一个更好的选择，于是不断在选项中挑刺，最终错失较优选项。39号在事后采访时也感慨地说道："现实中可能就是这样，会被围在身边的人迷惑，以为自己很受欢迎，所以不会尝试主动。"

面对优秀的人，条件差的人也会觉得优秀的人选择很多，应该看不上自己，因此选择退而求其次，以保险为重，找个和自己条件差不多的，就像22号最后也选了23号。

此外，经济学上的"信息不对称理论"，即掌握信息比较充分的人员往往更容易有优势，同样适用于相亲市场。条件差的人，往往擅长掩盖自己的弱势，发展自己的优势，如表现得更加积极和主动、更加热情和亲切等。

而优秀的人往往懒于调查各类信息，最终会被条件差的人展现出来的所谓优势打动，导致选择偏差。还记得全场最低的2号男生吗？他从头到尾都非常热情主动，最终守在了19号身边，告诉她："所有人都在讨论数字，而只有我是喜欢你这个人。"最后成功与 19 号结对，成了分差较大的赢家。

那么问题来了，优秀的人应该怎样避免被落下？40号其实给了我们答案。他发现自己的条件很优越，但并没有等待被挑选，而是主动去推销自己，最终被35号接受，成了全场分数最高的组合。

所以，优秀的你千万不要站在原地期待遇到一个完美的人，无论自身条件如何，幸福都是需要主动争取的。

（2）规律二：美貌和忠诚，到哪儿都受欢迎

实验过程中，除了数字之外，还有两个非常关键的标准：美貌和忠诚。

其中，男性普遍看脸，女性普遍看素质。

节目一开始，在所有人都感到茫然的时候，男生普遍挑选了颜值高的女生搭讪：39号一开始让很多人抢破头的原因之一，也是因为美！而数字最大的40号男生，则因为花言巧语而遭到了大部分女性的嫌弃。

（3）规律三：门当户对，终极答案

所有答案揭晓之后，我们惊讶地发现，大多数组合的分差都在10分以内，且以5分居多，总体符合门当户对的规律。其中最低分的组合是1号和4号，最高分则是40号和35号。

很多时候，我们觉得门当户对是老一辈们的过时想法，

是一种束缚，但大量的心理学研究表明，这才是社会的普遍规律。因为在条件匹配的爱情中，我们才不会因为自卑而隐瞒，也不会因为骄傲而过度要求。而信息透明和互相尊重，才是理解的基础。

从这个实验看，爱情仿佛与一场等价利益交换无异。但它其实没有提到一个关键变量，那就是感情。虽然经济基础很重要，但仍愿你在保有智慧头脑的同时，也有一颗为爱勇敢的心。

4

手把手教你表白

—

关于表白时机的科学

01 | 表白对男女意味着什么?

表白,是一件特别浪漫的事——两个相爱的人终于互通心意,说出了那句"我喜欢你"或是"我愿意"。

表白成功的人可以继续沉溺在浪漫的氛围中,享受爱情的美好。可如果失败了,就难免经历一段时间的痛苦。这不禁让我们思考,剥开浪漫的外壳,表白的本质究竟是什么?

众所周知,表白具有很深刻的意义。一方面,它是一方发出信号,告诉对方自己想从"朋友关系"升级成"恋人关系"。表白成功则需要双方达成共识,即都想进入恋爱关系。同时,表白也是一个重要的关系节点,大多数情况下只要你表白了,这段关系就会发生质变,你们可能从朋友升级到恋人,也可能需要重新调适两个人之间的友谊。

表白可以是一句简单的台词,背后的含义却是极其严肃的。我们收到过一名读者的留言，她在被自己的朋友表白之后非常困惑。她说："我一直都把他当作普通朋友，一起聊天吃饭也都是正常的程度，并没有越线。但对方却觉得我似乎已经喜欢他喜欢得无法自拔，跟我表白似乎是为了解救我……我到底哪里让他误会啦？"这种情况在暧昧阶段很普遍，男生觉得已经是可以表白、更进一步的程度了，女生却认为两个人只是朋友。这是为什么呢？

美国心理学家塞迪基德斯（C. Sedikides）等人的研究表明，女生对爱情有更强烈的感觉，会更多地表达爱与忠诚。所以大众普遍认为在关系中，女生更容易先感受到爱，想要进入恋爱关系。而麻省理工学院的约书亚·阿克曼（Joshua M. Ackerman）等人的研究却表明男生更容易先陷入爱河，在思考是否进入恋爱关系时，男生比女生平均提前了 6 周。

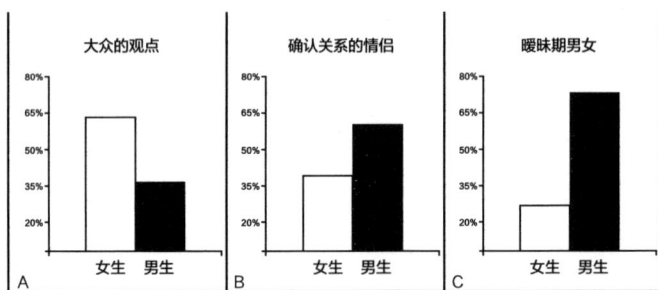

▲ 谁先在关系中承认爱的感觉

也就是说，当男生心里想着"我喜欢这个女生，我要她做我女朋友时"，女生心里想的很可能是"这个朋友还不错"。

也许你曾经被一个条件很优秀的人表白过，但最后还是拒绝了对方。理由可能也不是别的什么，就是没感觉罢了。加利福尼亚大学伯克利分校心理学家吉安·冈萨加（Gian C. Gonzaga）的研究表明，产生爱情的感觉将会激发一个人进入恋爱关系的渴望，并且愿意为这段关系承诺与负责。我们上面聊到男性往往比女性平均提前六周产生爱的感觉，这也就是说，当男生的心已经小鹿乱撞时，女生的心很可能还平静如水。此时，男生带着快要溢出的爱意表白，女生拒绝说"没感觉"，那就可能是真的还没产生感觉。因此，两个人产生感觉的时间差，可能是导致两个人没有在一起的关键因素之一。

其次，男女潜意识中对表白的需求不同。远古时期的男人，很可能摘了很多鲜花，带着一筐水果，就跟女人表白了。如果女人答应了他，男人就获得了与女人发生性关系的机会，促进了自身基因的延续。而女人却要承担可能怀孕的风险，哺育孩子的成本，还不知道对方会不会对自己负责。

那么，如果你是远古时期的女人，你会轻易接受男人的表白吗？性在表白中又扮演着怎样的角色呢？约书亚·阿克曼等人的研究进一步表明，男性和女性在发生性行为前后，对"我爱你"的表白有着不同的需求与感受。

研究人员招募了平均年龄均为21岁的84名女性和35名男性，评估了他们在性行为前后听到"我爱你"时的幸福感与积极情绪的程度。

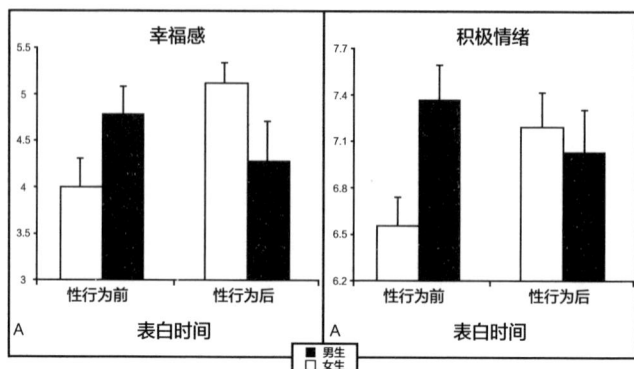

幸福感　　　　　　　　　　　　积极情绪

▲ 男女在性行为前后听到"我爱你"时的幸福感与积极情绪的程度

结果表明，男性在性行为之前听到表白，会更幸福、更积极，女性则是在性行为之后听到表白，会更幸福、更积极。研究者解释道，女性在发生性行为之前听到伴侣说"我爱你"的时候，更多地会将其看作是一种性信号，而非爱意的表达，而在性行为发生之后，则会将伴侣对爱意的表达当作是一种对关系的承诺。

从该实验中我们不难发现，男性在潜意识中希望通过表白获得发生性关系的机会，而女性则希望通过表白获得承诺与安全感。这也符合进化心理学的解释：即远古时期的男人需要思考怎样用最低的成本、最短的时间获得性机会；而对于女人来说，她需要考虑的则是如何挑选到一个可靠的男人，从而保证自己与孩子的安全。

因此，当女生面对一个刚了解不久的男生的表白时，可能会问："你真的了解我吗？你的喜欢是真的喜欢吗？"不安全感会让女生忽视男生表白的承诺倾向，而放大了性意味。

02 | 暧昧阶段，男女该怎样对待"表白"？

（1）男生应选择恰当的表白时机与表白方式

当你喜欢上一个女生时，很容易按捺不住澎湃的感情，迫不及待地想要和对方表白。可如果这种表白是仓促而毫无准备的，就很容易遭到拒绝。那么，怎么做才能提高表白成功率呢？这里有一些建议。

表白时机很重要。要知道，表白成功的前提是双方都想进入恋爱关系，而非单纯地捅破窗户纸。喜欢上一个人，就想尽快告诉她，有这种感觉很正常。美国蒙默斯大学加里·莱万多夫斯基（Gary W. Lewandowski Jr.）等人的心理学研究表明，44%的伴侣在确定恋爱关系之前，都维持了四个月以上的友谊。所以，男生需要控制一下自己迫切进入恋爱关系的渴望，等女生产生感觉，想和你谈恋爱之后再表白。

那么要怎样判断女生是否产生感觉，想不想和自己在一起呢？心理学家吉安·冈萨加（Gian C. Gonzaga）在论文中提到，通过一些动作、表情等非言语行为，能够判断对方是否产生了爱的感觉。

研究者发现，当我们感觉与一个人亲密时，身体会下意识地向对方倾斜，这样的下意识倾斜，是为了拉近自己和对方的距离。和女生约会时，如果她的身体总是无意识地向你倾斜，那就说明她觉得自己和你的关系很亲密了；而如果她的身体总是远离你，就可能是她觉得你们之间的关系还比较疏远，这个时候千万不要表白。

另外，也可以通过女生的微笑来判断对方是否喜欢和你约会。研究者发现，"杜乡的微笑"（Duchenne Smile）最能体现一个人真实的情绪状态。这一命名是为了纪念发现这种微笑方式的法国生理学家杜乡，指的是发自内心的微笑——嘴角上扬，鱼尾纹出现，而牵动这些地方的肌肉很难用意志加以控制。所以如果女生和你约会时，常常自然地微笑，嘴角上扬，有时还会出现鱼尾纹，说明她很享受和你待在一起；反之，如果她始终没笑，或是常常硬挤出微笑，那么可能她觉得和你待在一起不太舒服。

此外，表白方式也是很重要的。你需要了解女生的性格，看对方喜欢怎样的表白方式。有些女生喜欢被当众表白，有很多朋友在旁见证，她会觉得你很在意她，自己就像公主一样很幸福；而有些女生喜欢私下表白，她可能觉得两个人吃顿饭，确定关系就好了，不希望很多人知道。在和女生交往的过程中，你可以留意一下女生的喜好与性格，看看她更喜欢哪种表白方式。如果实在不确定，你也可以找对方的朋友帮你旁敲侧击地问问，了解她的偏好。

对女生来说，表白是一段关系中的重要仪式。精心准备，按照她喜欢的方式进行，将会增加对方答应你表白的概率。

（2）女生需要体谅有好感的男生，收到表白时告诉对方愿意给他机会

不知道你在生活里有没有遇到过这样的状况：认识了一个蛮不错的男生，两个人聊得不错，觉得彼此三观和兴趣都比较契合，你对他也有好感。但是，就当你想着先深入了解一下对方时，他却在这个时候直接表白了。你委婉地拒绝他说："我们还是先做朋友吧！"暗示：你需要更深入地接触和了解之后再决定。对方却再也不理你了。男生很可能没听懂你的暗示，觉得你就是不喜欢他，便离开了。

所以如果女生觉得对方还不错，就要体谅一下男生容易比自己提前陷入爱河，忍不住就表白了的行为。拒绝时，也可以直接告诉对方"我对你挺有好感，可我觉得我们彼此之间了解得还不够，先再做一段朋友看看吧"。这样，也许你们就比较不容易错过。

总看到有观点说，女生表白比男生表白的成功率更高，从男女的差异来看，这个结论确实不错。但这背后的真正原因，或许不是女孩子不爱或者故意刁难，而是爱的感觉来得比较慢。此外，从进化心理学角度来看，男性作为更想要延续基因的一方，在表白这件事上相较于女生来说更主动。可是，作为女生，如果你特别喜欢某个男生，那么主动一些，你也许就能收获一段满意的爱情。

5

约会该穿红色还是黑色？

—

心理学家揭秘六大"来电"绝招

约会之前，年轻人总是会纠结很多问题，例如：穿什么衣服最合适？要喷香水吗？地点如何选择？灯光和布置有什么要求？送什么礼物不会踩坑？聊什么话题不会尴尬？

这些问题也恰好是心理学家们非常关心的问题，他们做了大量的研究，试图探讨一些可能对约会成功率造成影响的外在因素。现在，就让我们一起来看看这份科学版的约会指南吧。

01 | 约会穿什么？颜色是关键

英国斯特林大学的学者克雷格·罗伯茨（Craig Roberts）在2010年曾做了一项研究，试图探讨穿着什么颜色的服装对异性最有吸引力。他们准备了10位男性和10位女性的图片，每个人在发型、妆容不变的情况下，分别穿着六种颜色不同但是款式相同的T恤，然后让异性参与者评价他们的吸引力。结果发现，无论是男性还是女性，穿红色和黑色衣服时对异性的吸引力最大，吸引力最差的颜色则是黄色和白色。

更有趣的是，研究者们进一步将照片上的衣服颜色挡住，只露出脖子和头，再让参与者去评价这些男性和女性的吸引力，结果还是显示，穿红色衣服的人比穿白色衣服的人更有魅力。

这说明穿红色衣服本身就会让一个人显得更自信、更有魅力，哪怕对方看不到你衣服的颜色也能感受出来。这种两性关系中的"红色效应"不受文化的影响，哪怕在一个极其讨厌红色的非洲部落里，此种效应也仍然存在。

02 ｜ 身上的气味很关键

一般来说，约会的时候我们会特别关注自己的穿着打扮、言语体态，却很少关注气味。

中科院心理所的周雯老师是国内顶尖的嗅觉心理学家，她做了许多研究，试图揭秘嗅觉会如何影响我们对一个人的判断。

她让参与者们观看一些异性步行的光点动图，在这些动图里，参与者会看到并排成行的七个光点人，光点的变化会展现出人物的步行姿态，反映出男性和女性的特征。图片大概是这样的：

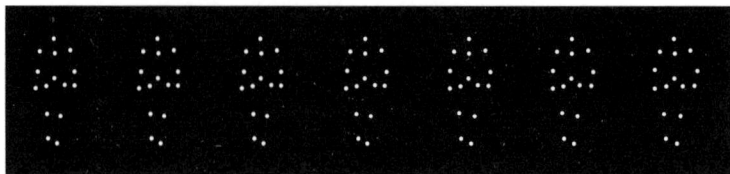

▲ 异性步行光点图

　　参与者们被要求观看这些动图，同时评价光点人的男性气概或女人味，并判断光点人的情绪。在这个过程中，研究者会让他们闻一些特殊的味道。结果发现：身上散发出雄甾二烯酮的男性光点人会被女性认为此人更有男性气概，他们的情绪也被认为是更轻松、愉快的；而身上散发出雌甾四烯的女性光点人，则会被男性判定为更有女人味，她们的情绪也被认为是更轻松、愉快的。

　　那么，这些名字很奇怪的味道究竟是什么呢？说白了，就是成年男女身上分泌的带有性吸引力的化学物质，费洛蒙香水中添加的就是这些味道。这种香水的核心特质就是人们身上自然散发的某些带有性吸引力的味道，只不过香水会让性别魅力更为集中地展现出来。

　　适当地使用带有这些味道的香水，的确可以帮助我们快速提升在异性面前的魅力，也会让我们更加自信，与对方的交流也能更加愉快。有趣的是，味道只会影响我们对异性魅力的判断，并不影响同性之间的评价。

03 | 哪些约会地点有助于"来电"？

美国心理学家阿瑟·亚伦（Arthur Aron）在1974年曾经做过一个著名的"吊桥实验"。他找到一位漂亮的女性作为研究助手，让她去一些大学男生中做一个简单的实验。这些男生被分为三组，分别被安排在三个不同的地点与这位女助手相遇。其中，第一组男生与女助手在安静的公园里相遇，第二组在平稳的水泥桥上相遇，第三组在摇摇晃晃的吊桥上相遇。

在这三个场景中，男生们遇到的是同一个女助手，但是实验结束后，第三组男生跟女助手联系的次数最多，他们都表示自己遇到的女人很有魅力，吸引了他们。心理学家认为，造成这种结果的原因是吊桥制造的惊险会让人们更多地分泌多巴胺，心跳加速。在约会场合中，为了给这些生理反应找一个合理的解释，大家就会认为自己心动了。

从这个角度来看，为了制造来电的感觉，约会的最佳地点应该具备某些刺激元素，如放映恐怖片的电影院、有过山车之类刺激项目的游乐场，等等。但是，刺激场所更适合表白、求婚这种高光时刻，日常约会就不太合适。心理学家认为，在日常约会中，更重要的是彼此了解，比起刺激活动带来的心动，好好聊天更为重要。因此，日常约会时，需要选择一些让彼此感到安全、浪漫的空间，方便说一些私密的话题，最好是两个人单独相处，不要受到太多外界因素的打扰。咖啡厅、西餐厅、日落时的公园等，都是不错的选择。

04 | 浪漫关键靠"光线"

想要制造一场成功的约会，光线也是一个关键的考虑因素。选择合适的光线，可以让约会的浪漫度倍增。

首先，是色温和对比度。暖色调是浪漫的绝配——想象一下日出或日落，这时阳光给人的感觉是最温柔的，在这种场景里约会，感觉空气都是甜甜的。如果约会的地点是在室内，也别忘了选择暖色调，要避免冷色的光和太强烈的对比度，光线过渡要柔和，大红大绿总是不好的。其次，还要注意亮度。想营造出浪漫的感觉，选择昏暗的灯光总没错。最后，还可以利用光线制造焦点，最简单的就是在桌面上放蜡烛了。在昏暗的房间里，这种由光源打造的焦点会显得特别浪漫。

05 | 怎么送礼物最合适？

在2020年发表于《实验社会心理学杂志》（*Journal of Experimental Social Psychology*）的一项研究中，心理学家们通过一系列实验探讨了这个问题：女生更喜欢奢侈的礼物，还是普通价位的礼物？

　　结果发现，在一段关系中的不同阶段，女生对这两类礼物的偏好是不同的。刚刚开始交往时，女孩子其实更喜欢收到普通价位的礼物，而不喜欢奢侈品；当两个人关系趋于稳定时，女孩子对礼物的态度则并没有太大差异。

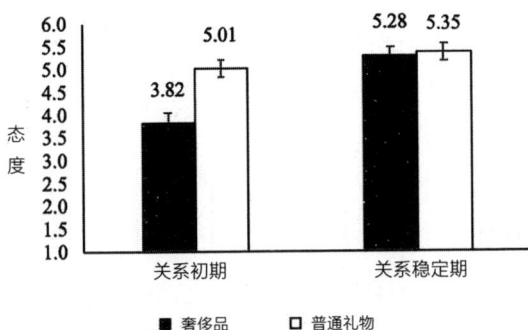

▲ 女生在关系的不同阶段对收到不同礼物的态度差异

　　这种偏好的不同背后有两个关键因素：权力失衡和奉献精神。我们一般觉得男生肯为你花钱，说明他肯为你付出和奉献。但研究发现，在关系还没有稳定的时候送奢侈品，女生是感受不到奉献精神的。收下昂贵的礼物反而会让她们处于一种权力被动状态，她们会觉得自己在这段关系中的发言权降低了。而奢侈品体现的奉献精神，在关系稳定阶段才会更加明显。

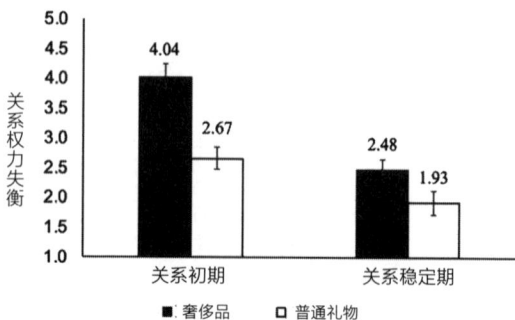

▲ 女生在关系的不同阶段收到不同礼物的关系权力失衡差异

也就是说，当两个人感情趋于成熟，开始对未来有规划时，舍得花钱的男生会让女生感觉到对方更多的付出和奉献，从而更有安全感。但是刚开始交往就大手大脚，反而会让女生感到不舒服。

06 | 如何聊天才能避免尴尬？

约会的时候聊什么也是一门大学问，在关系初期尤其如此。

首先，要特别提醒，比说话内容更重要的是说话的方式。以下两点技巧非常关键：

第一，保持眼神接触。千万别在聊天的时候眼神飘忽、随处张望，这样很容易给人留下不尊重人、不自信、轻浮的印象。对于女性来说，男人能够直视她的眼睛是一种地位和自信的象征，也会让女生更有安全感。

第二，让声音更清晰、更自信。说话声音不需要大，但是一定要清晰，不能是有气无力的。声音往往是展现个人魅力的一个非常重要的特征。

至于聊天的内容和话题，最著名的就是阿瑟·亚伦曾经提出的"36个问题"，这是36个经过研究验证的话题，包括"拿出四分钟，尽可能详细地告诉对方你的人生故事""对你来说，完美的一天是什么样子的"等。谈论它们，确实促成了很多对情侣的交往。回答这些问题，既需要回忆过往的经历，也需要对未来进行遐想，更需要讲出对某件事的看法与感悟……这些问题绝不只是闲聊，更是能够让你们敞开心扉、快速了解彼此的途径。

约会时可以把这些问题找出来写在粉色的卡片或纸张上，充满仪式感地拿出来，抽签分享。为什么要用粉色纸张？康奈尔大学心理学博士玛丽莎·T.科恩（Marisa T. Cohen）的研究发现，对比蓝色纸张，粉色纸会让情侣间产生更多亲密感，更愿意分享跟亲密关系相关的话题。

6

女生最想收到的礼物竟然是……

—

情人节送礼，你需要明白的"人设"

情人节往往是一个让情侣们爱恨交加的节日。大家一方面会期待在这个有仪式感的日子里进行一些浪漫的活动，增进感情，另一方面又怕处理不当搞砸了关系。

那么情人节送礼和约会时需要注意什么细节？如何送礼才能送到对方心坎里呢？我们来看看心理学上有什么建议。

01 | 话题一：女生收到奢侈品，一定开心吗？

NRF（National Retail Federation，美国零售联合会）每年的消费调查报告显示，情人节男性在浪漫礼物上的花费大约是女性的两倍。我们也的确会经常在朋友圈里看到女孩子晒男朋友送的礼物——可能是一个她心仪很久的名牌包包，又或者是一条亮闪闪的项链。在我们的固有印象里，女性收到伴侣送的奢侈品礼物一定会很开心，但真的是这样吗？威廉·丁（William Ding）等四位心理学者对此进行了一番调查。

他们招募了120名平均年龄在30岁的女性，让她们想象自己和一位男性伴侣处在新的恋爱关系中，并给她们描述现阶段恋爱的细节，比如"你们正在谈论彼此的家庭、爱好和过去的经历""你们正在谈论未来的计划"等。同时学者们也评估了她们对于关系阶段的感知，即在向她们提问"根据描述，你认为这样的关系处于什么阶段"之后，研究者告诉参与者男伴给了她一个名牌手提包作为礼物，并让她们回答以下问题："你接受礼物的可能性有多大？""你喜欢这份礼物吗？""你希望得到多少礼物？"紧接着，研究者还会对这些参与者在关系中对双方权力的感知进行评估，比如："在多大程度上，你认为你的伴侣会在关系中有更多的决定权？"

后续实验中，研究者们则将礼物换成了奢侈品和普通礼品两种类型。结果显示：女性对礼物的态度取决于和伴侣所处的关系阶段。刚开始恋爱，关系并不那么稳定时，女性更能接受普通礼品，不喜欢男生送奢侈品。因为她们担心一旦接受贵重的东西，就会在这段情感关系中失去权力，无法与对方平等。而当亲密关系逐渐稳定时，女性则更愿意接受奢侈品礼物。

所以，情人节时究竟该选什么价位的礼物，要视你们的关系而定。

02 | 话题二：送礼要符合你的"人设"？

价位以外，礼物的内容本身也是一个需要仔细考量的问题，中国科学技术大学的罗彪等四名研究者就通过实验探究了人们喜欢的礼物类型。

研究者们招募了250对参加安徽省某市2016年情人节大型"浪漫约会"活动的伴侣，他们的平均年龄为23.56岁，均符合处于恋爱状态且互送过礼物这两个条件。研究者们让送礼物的人完成一份问卷，这份问卷是关于礼物与送礼者形象的一致性、关系依赖和亲密程度的；收礼物的人也要完成另一份问卷，包括喜不喜欢礼物、礼物与收礼者形象一致性、关系依赖和亲密程度。礼物与送礼者形象一致性是指送礼物的人挑选的礼物符合他本人的形象，有他的风格；而礼物与收礼者形象一致性则是指礼物符合收礼者的形象。结果表明，收礼者更喜欢和自己形象一致的礼物，而且如果两个人不够亲密，礼物跟自己形象是否具有一致性就会对送礼的效果产生很大影响；如果两个人足够亲密，这种影响就会比较小。举个例子，恋爱初期时，男生送一个与女生气质相符，也是她日常会使用的品牌的彩妆，要比送她一个自己觉得实用的电子设备更有可能讨她的欢心。

此外，研究者们还比较了不同的文化群体，发现在"喜欢跟自己形象匹配的礼物"这点上，东方人和西方人都一致。所以，懂得换位思考、投其所好，也是一种爱的技巧。

03 | 话题三：什么样的人更能享受约会？

人们普遍认为，情人节对于有约会的人来说是一个积极的节日，对于没有约会的人来说则是一个消极的节日。但心理学研究者凯瑟琳·A. 莫尔斯（Katherine A. Morse）和史蒂文·L. 纽伯格（Steven L. Neuberg）在2004年的研究中证明，不管年轻人有无约会，这个节日都能唤起他们的强烈情绪。那么，究竟是什么在调节我们的情绪呢？劳拉·M. 佩里（Laura M. Perry）等五位美国心理学者研究了这个问题。

研究者们招募了美国一所中西部大学325名20岁左右的学生参与实验。参与者在情人节的一个月前进行了人口学信息收集，并完成了自我复杂性和抑郁指数的测量。情人节当天晚上8点之后，他们还被要求汇报今天有没有约会，并再次测量情绪调节策略和最新的抑郁指数。

在自我复杂性的测量中，研究人员会给参与者提供50个常见社会角色的词汇库作为参考，如同学、朋友和工人等，让他们定义自己的社会角色。参与者交回的报告则更为多样，其中还有助手、宠物主人、室友等角色，研究团队要对这些回答进行分类。有的人在生活中可能既是女儿，又是妈妈，还是朋友，同时也是员工以及一个小部门的经理——这种肩负多种社会角色的人，被认为有较高的自我复杂性。在情绪调节策略的测量中，研究者们则会让参与者描述他们一天做了什么，比如：独自喝酒、睡了一整天、交换礼物、和朋友拌嘴等。研究者们会根据参与者在这一天有没有积极地投入约会、是否独处、有没有不开心、如何处理人际问题来分析这些数据。

结果表明，自我复杂性较高的人能够更好地处理消极的生活事件，却比较难应对积极的生活事件。比如，一个男人是单身——情人节对于单身人士而言是一个消极处境——社交面很广，有一帮单身的朋友，自我复杂性较高，那么情人节这天他就可以和各种朋友一起聚会，打消单身带来的孤独感。而对于一个自我复杂性较高的非单身女性，情况就有所不同了。情人节这天是她和男朋友甜蜜约会的日子，却很有可能在约会现场担心自己被老板叫回去加班。情人节对她而言是一个积极事件，但因为她的角色比较复杂，感受到的情绪也就更复杂。

总结起来，情人节送礼一定要投其所好，不仅要考虑当下时机送出恰当的礼物，更要在平常多观察伴侣的性格、爱好。享受约会时光的关键则在于抛开各种身份，放下包袱，专注当下的时光和眼前的伴侣。

七个心理学小技巧，让对方情不自禁爱上你

—

培养好感的科学指南

无论你是不知道怎么找对象，没有目标，还是已经有暗恋对象，但不知道怎么培养好感，这份培养好感的科学指南都非常适合你。

01 | 想接近心仪的对象？不妨先从对方的朋友下手

来自加拿大英属哥伦比亚大学的心理学家曾做了一项实验，他们对风靡全球的社交网站Facebook进行了用户调查，结果表明：当系统显示共同好友数为0的时候，好友请求的通过率只有20%；当共同好友数上升到11的时候，通过率则提高到了80%。

现实生活中也是一样。想象一下，若是你的一帮朋友把他们的一位老相识介绍给你，有那么多共同的朋友在场，眼前的陌生人对你而言，想必也会变得不那么陌生了吧。

所以，想要接近心仪的对象，不如从你们共同的朋友入手。但是假如你和对方没有共同好友，也不用着急。心理学家们还提出了下一条建议：不妨试试做一条变色龙。

02 | 变色龙效应：对方怎么做，你就怎么模仿

也许在大家的心目中，变色龙常常和老奸巨猾、墙头草之类的负面评价联系在一起。但不得不承认，变色龙一样的人的确能在社交场上讨人喜欢，左右逢源。这在心理学上如何解释呢？

纽约大学的心理学研究者设计了这样一场社交实验。研究者们请来了78个参与者，为每个人安排了一位搭档，要求两人组合共同完成一项任务。其实，实验中的搭档是由研究人员扮演的，所谓的任务也只是为了给他们两人提供交流的机会。在实验中，扮演搭档的研究人员会模仿那位真正的实验参与者，他们会先从模仿对方讲的话开始，然后是神态、动作、体态……任务结束后，实验参与者被要求填写一张问卷，其中有一些问题就是关于他们对自己搭档的好感度。结果表明，模仿度越高的搭档，越受参与者欢迎。心理学家把这种现象称为"变色龙效应"。

也就是说，当你想让一个人对你产生好感时，可以有意识地去模仿对方的特点，让对方对你产生一些熟悉感，拉近彼此之间的距离。

03 | 适当制造一些友好的身体接触

大家的身边可能都会有一些朋友，特别喜欢时不时地来一些肢体接触，比如一边说"周末我们一起出去露营，搭帐篷的事情就交给你啦"，一边用手指敲敲身边人的肩膀。心理学研究表明，这种肢体接触不仅能拉近两个人的生理距离，更能拉近心理距离，而且这条规律对互不认识的陌生人也同样有效。

来自密西西比大学的心理学家埃普丽尔·H.克鲁斯科（April H. Crusco）和克里斯托夫·G. 维泽尔（Christopher G. Wetzel）曾在美国的几家餐厅里观察过什么样的服务员能收到更多小费。结果表明，那些和客人有轻微身体接触的服务员——比如在收银或找零时轻轻碰一下客人的肩膀——他们收到的小费金额会比那些和客人毫无身体接触的同事高出一大截。

可能有人会觉得人们对身体接触的反应存在文化差异，确实，对于保守的中国人来说，随意对陌生人进行身体接触可能会适得其反，但其实这也取决于你对界限的把握。中国人或许排斥见面贴脸和拥抱，但并不排斥碰拳、扯袖口等。如果你觉得对心仪的对象做这些动作感到很自然，就可以试一试；但如果你自己都觉得别扭，那就不需要勉强了。

04 | 赞美一定有用吗?

批评声听起来大都刺耳,那赞美声就一定会让人感到开心吗?心理学家告诉你:也不尽然。

美国明尼苏达大学的心理学家唐·伯恩(Donn Byrne)等人曾经做过一项实验。研究人员请 80 位大学生来到实验室,每两人为一组,完成特定的任务。任务完成后,他们会告诉参与实验的大学生:"刚才和你搭档的那位同学在背后悄悄对你进行了一些评价,都被我们录下来啦,现在放给你听。"

和前文一样,这个实验中的搭档,其实也是事先安排好的研究人员,而那些所谓的评价,也是设计好的剧本。参与者在完成任务后被随机分到A、B、C 、D四组,并听到每组剧本中事先准备好的评价:

A. 完完全全褒义的赞美

B. 完完全全贬义的批评

C. 先表扬再批评的渐变

D. 先批评再表扬的渐变

四组参与者在听完刚才那位搭档对自己的评价后,需告知研究人员他们对刚才那位评价自己的搭档好感度如何。

结果表明:C 组参与者对搭档的好感度最高。

所以,刚刚认识一个人时,的确可以通过赞美之言来活跃气氛。但一直重复说好话并不是好主意,在两人互相熟悉后,适当地给予对方一些逆耳忠言，也是必要之举。

05 | 偶尔向对方展现自己的缺点

想象这样的画面：此时此刻的你，正在观察三位参加期末考试的考生，而且之后你还拿到了他们的考试成绩——第一位考生在考试过程中喝水时，不小心打翻了水瓶，虽然在考场上稍显狼狈，但最后拿了90分；第二位考生也打翻了水，不过他最后只得了63分，差点不及格；第三位考生整个考试过程都很顺利，最后也拿到了90分的优秀成绩。

这也是一项心理学实验。来自美国明尼苏达大学的心理学家艾略特·阿伦森（Elliot Aronson）就是这个实验的设计者。他问参与实验的对象："如果在这三位学生中选择一位来当自己的学习伙伴，你更愿意选择谁呢？"结果大多数人都选择了第一位考生——那个既有实力又偶尔会暴露自己缺点的人。这题测量的其实也是人们对这三个考生的好感度。第一位考生会让人觉得，他虽然很优秀，但有些时候也会需要你的帮助，很亲切；而第三位考生看起来则是十全十美、高高在上、难以接近的人。

这个实验告诉我们，想让一个人对自己有好感，你不仅需要切切实实把事情做好，努力提升自己的综合实力，同时也要偶尔展现自己的缺点或困境。这样的你在对方眼里，不仅是一个靠谱的、有能力的人，也是一个需要对方帮助，能够与他互相依赖的人。爱情中也是如此，偶尔展现缺点，爱情会更加长久。

06 | 放大并强调你和对方之间的共同点

这里讲的共同点，可不是"我们都喜欢酸甜口味的食物""我们都爱穿深颜色的衣服"这样表面的兴趣爱好，而是在伦理道德、法律公平、社会现象解读等层面上频率一致的共鸣。

心理学家西奥多·纽科姆（Theodore Newcomb）曾做过这样一场实验，他把一些互不相识的人邀请到美国密歇根大学的一间宿舍里，安排他们在一起住一段时间，其间会安排他们讨论一些敏感且颇具争议的话题。纽科姆分析并记录了所有实验参与者对这些话题的看法和态度，如"你是否支持男女平等""你会投票给哪个政党""你认为孕妇是否有权提早知道胎儿性别，是否可以自主选择堕胎"等。实验结束后，纽科姆让每位参与者对其他人的好感度打分。结果表明：那些在讨论议题中观点一致的人，给对方的好感度打分都是很高的。

这个实验告诉我们：花点时间找到你和对方之间的共同见解和价值观，并且在你们平时的交流和互动中，想办法强调、放大这些共同点，会让你们之间的好感度更上升一个层次。

07 | 自我袒露，也尝试挖掘对方的一些小秘密

每个人都有一些不为人知的秘密，想必你也一样。每一个秘密，都是一个负担，背后也都藏着一份倾诉的需要。心理学家表示，当你遇到那个正确的倾诉对象，把你的秘密说出来，袒露你真正的自我时，不仅会让你如释重负，还会增进你们的感情。

心理学家阿瑟·亚伦做过一个实验，他找来一群大学生，准备了一份问题列表，然后让他们两两配对，用这些列表互相问答。第一份问题列表上都是一些轻松的小问题，比如，今天天气如何，最近的学习任务重吗，你喜欢听什么类型的音乐，等等。第二份问题列表则更加深入，且非常私人，每个问题似乎都是用来探知对方小秘密的，比如：你有女朋友了吗，你们最近有吵架吗，你和父母上次发生矛盾是什么时候，等等。虽然提问者和研究人员都不知道被问到这些私人问题的人是否给出了真实的回答，但神奇的是，拿到第二份问题列表的人彼此之间对对方的好感度和亲密度，都远远高于那些拿到了第一份问题列表的人。

友情也好，爱情也罢，发展到一定深度之后，必定会探知到彼此的秘密。在你向对方倾诉秘密的同时，你也表达了一份对他的信任和依赖；而他在接收这份秘密的同时，也担起了一份责任——这份担当，本就是爱的重量。

事实上，每一对经受过重重考验之后仍在彼此守候的伴侣，一定在相识、相知、相守的过程中，或有意或无意地把这些技巧用了成百上千次。能做到这种程度，也是因为这两个灵魂是彼此吸引、彼此关怀的，双方都能很自然地意识到要为对方做些什么的时间和场合。所以这些技巧只是能让我们的交往更顺畅的手段，最重要的，其实是你那颗有爱的心。

PART 3

爱情保鲜：相处的艺术

① 自由恋爱比相亲结婚更容易后悔？

—

看看自我差异理论怎么说

我们曾经收到过一位读者的留言：

> 这几天感觉自己魂没了，起因是跟老公吵了一架，又去看了一部爱情电影，不知道为什么，就开始无比想念初恋，梦里和醒来全是他，后悔当初没有坚持跟他走下去，而是选择了父母安排的门当户对的爱情。虽然老公对我也挺好，可每次有矛盾，我就会开始怀念初恋，后悔当初没有勇敢爱下去。如果一切能重来，我一定不会放弃他。可这么想对现任又很不公平，我感觉自己很罪恶。请问这种情况正常吗？我该怎么办呢？

看完这条留言，你或许会想说：真心爱过，谁会不怀念呢？我们在各种艺术创作中都可以看到关于"如果当时"的遗憾，所以有这种矛盾情绪是正常的，关键是要怎么处理它。

其实这位读者的后悔背后，不光有前任和现任的对比，还隐藏着一份年轻时奋不顾身的爱情和一段符合期待的稳定婚姻之间的矛盾。这两者的较量，常常是后悔情绪的导火线。那么面对这种对前任的遗憾情绪，我们应该怎么办呢？

01 | 什么情况下我们容易后悔？

就像这位读者说的，她现在的婚姻其实不差，但是面对过去，却仍然感觉到后悔。

针对这种情况，我们可以从以下几个方面试着理解一下：

（1）自主控制权越大，越可能后悔

当我们在做一个选择时，影响我们决策过程的除了我们自己，还有家长、朋友、同僚、上司，甚至是社会因素。而在这些因素中，我们的自主成分所占比重越大，事后感到后悔的可能性也就越大。

其中的道理很简单：如果一个选择完全是由自己做主的，我们就必须为它带来的结果负责；相反，如果这个选择有很大部分，甚至是完全听从其他人而做的，那么我们就有了把责任归于其他人或外部因素的余地，自己也就不会那么痛苦了。

换言之，你要和谁在一起，你要何时步入或是结束婚姻，说到底都是一种选择。而在做出选择的过程中，你的自主控制权越大，面对不好的结果时，对当初那个选择的后悔程度也就越大。

我们中国人耳熟能详的一句话是：婚姻不是两个人的事情，而是两家人的事情。这意味着你的亲密关系和婚姻也许不是你一个人能自主掌控的，反过来说，正因为你在感情上的选择除了考虑自己的意愿外，也会参照父母、家庭和社会的价值观，甚至被这些因素所掌控，所以当你意识到"我遇上了错的人"或"是我做了什么导致吵架、分手"时，反而不会完全归咎于自己——"反正当初也是爸妈要我和那个人在一起"或"和对方相处的过程中也多有双方家人的参与，双方关系的好坏不只是由我们两人决定的"，这样想来，后悔感自然就会低一些。但你若是一个反对包办婚姻，崇尚恋爱自由、婚姻自由的人，倘若哪天你意识到自己并不能和自主选择的对象营造出一段舒服的关系，后悔感也许就会比较高了。

（2）没有追寻内心的选择，往往最遗憾

福布斯（Forbes）曾经发表过一篇在全球刷屏的报道，里面提到人生中最常见的一种遗憾是希望当初能够更加尊重自己脑海里的声音。澳大利亚一家收治绝症末期患者的医院，有位叫作布兰妮·维尔（Bronnie Ware）的护士就曾记录过病人们在临终前表达过的比较常见的几种人生遗憾，其中最常见的一种就是："我多么希望当初追逐了自己的梦想、听从了自己的心愿，而不是按照他人的期望过活。"这大概也是那位写信给我们的读者的困扰：她后悔放弃了内心追逐的感情，而选择了父母所期待的婚姻。

美国哥伦比亚大学心理学教授特洛伊·休吉斯（Troy Higgins）提出的自我差异理论可以很好地解释这种强烈的后悔。休吉斯认为，所有人都有三个自我：实际自我，即现实中我是怎样的人，做了什么事情，说了什么话；理想自我，即我内心中理想的自己；应该自我，即这个世界期待我活成的模样，我应该达到的要求。

真正让我们感到痛苦的，是我们明明意识到了实际自我和理想自我的差距，却没有回应自己的心愿，依然停留在应该自我的层面，等待、隐忍、不作为。也就是说，如果我们很清楚自己想要什么，但依然选择了顺从他人的意愿，那这种遗憾将会是最深的。

（3）现在过得越不好，越容易放大过去的遗憾

值得注意的是，这位读者的留言中有一个细节：她最近刚跟老公吵架了。对于这一点，我们应该都有同感，即越是跟现任关系不和、生活不顺心、情绪糟糕，越容易怀念前任、后悔当初。为什么会这样呢？

研究发现，一个选择的机会成本越高，我们越容易感觉到

后悔。举个例子，目前有A和B两个选择，而你只能选择其中一个。当你选择A时，就意味着失去了B的好处，那么此时B的好处就是你选择A的机会成本。所以，当我们跟现任的关系不顺心时，就会自动脑补假如当初跟前任在一起的结局，对比之下，就会感觉自己损失巨大，并因此后悔。

（4）过去爱得越深，分手后越容易后悔

你有没有过这样的经历：上班或上学迟到一分钟会比迟到十分钟更难过。因为迟到一分钟时你可能会想："怎么我跑了一路，还是迟到了呢？早知道我就不跑了。"这就是心理学上说的"差一点效应"。

同理，在爱情故事里，两个人越是相爱，在关系破裂后，越是会感觉遗憾，因为只差那么一点——"当初就差那么一点点，我们就在一起了""当初如果我主动认错了，就不会这样了"——而那些差得太远的，反倒一别两宽，潇洒多了。

02 | 该如何处理这种后悔？

（1）评估后悔

这种时候你需要做一个评估，即后悔的事情，还有转机吗？假设你的父母给你介绍了对象，你现在还在犹豫要不要答应约会，而你留恋的前任也还单身，你意识到一切尚有转机。那么，为了避免遗憾，你可以尝试听从自己内心的选择，而不是一味顺从他人的期待，因为这种遗憾将会是终生的。

但是如果你已经拥有了美满婚姻，不可能放弃当下的感情，而你所留恋的前任也已经有了归属，那么我们会建议你从前文所述后悔的第二个原因入手，试着调节心态。当你对当下的关系感到满意时，自然会从后悔情绪中走出来。

因此，我们想对文初的读者说：虽然当下的感情最初不完全是你自己的选择，但是如果让你重来一次，你未必真的会选择初恋，如今的后悔可能也仅仅是一种情绪。既然你已经做了选择，不如就接纳这些后悔，同时努力去提升当下的幸福感。

（2）如何调适平淡的关系

这里就要说到另一个话题了：当一段关系渐趋于平淡，我们该如何度过感情倦怠期，或者说如何提升一段关系的满意度？或许我们可以通过对伴侣的积极关注和想象来实现。

美国密苏里大学和马里兰大学曾经合作过一项研究，试图探讨思考方式对爱的感觉的影响。他们从两个方面去评估爱的感觉：一个是迷恋，一个是依恋。其中迷恋是指感情初期那种激情、甜蜜感；依恋则是指感情逐渐稳定后的亲密感、忠诚感。

研究者招募了一些恋爱中的男女，把他们分为两组：其中一组需要拿着另一半的照片，从三个方面去做一些积极的思考；同时，另一组人则需要根据这些照片做消极的思考。思考的内容主要包括以下三个方面：伴侣方面，如对方说话很幽默（积极）、对方很懒（消极）；关系方面，如我们很聊得来（积极）、我们经常吵架（消极）；未来方面，如我们不久后会结婚（积极）、我想我们会分手（消极）。

结果发现：积极思考能够增强人们对另一半的迷恋感和依恋感，对应的"爱的脑电波"，也就是晚期正电位（LPP）[1]的活动也会增强；而消极思考则会减弱迷恋感和依恋感，同时晚期正电位的活跃度也会降低。

积极思考对于磨合期的伴侣们来说至关重要，因为很多时候生活的柴米油盐会让我们越来越关注对方的缺点，带来消极思考，从而引发后悔情绪。而多回忆相处过程中积极的一面，想象伴侣身上最吸引你的地方，就能让你从生理到心理上都提升爱的感觉。

哪怕一段关系的开始是缺乏激情的，但只要大胆地做一些尝试，也可以拥有激情的爱。相聚离散，幸福遗憾，都是关系的两面，也彰显出每段关系的独一无二。无论使用什么方法，只要找回了爱的感觉，便能够抵挡对过去的后悔。

1　晚期正电位（late positive potential）是一个与情绪有关的脑电波信号，是展示情绪调节效果的有效生理指标。

2

换个姿势接吻，就能拯救一段感情？

—

关于激情的心理学研究

"每天下班回家，我俩面对面坐在饭桌上吃饭，各自刷手机。饭后我看电视他打游戏，两个人一句话都懒得说。"这样的状态，对于很多情侣而言也许都不陌生。

很多人都经历过恋爱初期的甜蜜和激情，但是日子一久、热情褪去，就会感到越过越没意思，痛苦又茫然。

那么，激情究竟是什么？情侣们要如何维持热恋的感觉？

01 | 什么是激情？

每段感情在刚开始的时候都是富有激情的：加速的心跳，上升的荷尔蒙，理想化的伴侣，以及对于关系的浪漫幻想。

爱情中的激情到底是什么，不同的心理学家有不同的解释。有的人认为是浪漫主义，有的人认为是伴侣之间的吸引力、对伴侣的迷恋，等等。爱情研究先驱伊莱恩·哈特菲尔（Elaine Hatfield）教授的团队整合以往的理论，将激情定义为一种混合了情感、理性和行为等多方面的心理状态，并将激情的表现总结为以下几个方面：

（1）认知方面

①心里所想常常是你的伴侣。

②把你的伴侣或者你们的爱情理想化。

③你渴望了解你的伴侣，也希望你的伴侣了解你。

（2）情感方面

①你的伴侣对你有很强的性吸引力。

②你们会因为关系进展顺利而感到快乐。

③你们的关系一旦出现问题，你就会感到非常糟糕。

④你对自己的伴侣有爱意，且能感受到对方的回应。

⑤你想要和自己的伴侣永远在一起。

（3）行为方面

①常常观察伴侣，时刻想要知道对方的感受和想法。

②会为了你的伴侣花时间做很多事。

③总是和你的伴侣待在一起，不愿分离。

如果以上题目中提到的大部分情况符合你的关系现状，说明你与伴侣的爱情仍有激情；相反，则说明你们进入了乏味期。

那么，爱情中的激情多久会消退呢？有研究表明，情侣间的激情一般在结婚两年后跌入谷底，并在未来大概 15 年中都维持一个较低的水平。等孩子们离家上大学后，夫妻二人也许才会重拾他们爱情的火花。不过，这种爱情的回春，并不适用于离婚的夫妻。

那么，对于大部分人来说，爱情中的激情真的会随着时间消退吗？研究表明，情侣在经历过订婚、生育、小孩长大离家等重要人生阶段后，激情的确会随着时间消退。

02 | 问题或许出在：你们靠太近了！

是什么导致了激情退却，我们又该如何重新点燃激情呢？英国作家阿兰·德·波顿（Alain de Botton）说，最有吸引力的人不是轻易能得到的人，也不是需要太久等待的人，而是懂得在适当的时刻给出糖果的人——这里的"适当"非常重要，在爱情中制造适当的距离，就好比唐朝诗人白居易说的"犹抱琵琶半遮面"，可以让另一半体会到隐藏、未知所带来的特殊吸引力。这种就是类似于"吊胃口"的延迟满足（Delayed Gratification），它能够激起人的动机和欲望，让大脑产生能够影响人情绪的多巴胺，更期待美好事物的到来。

因此，刚开始恋爱时之所以会激情爆棚，往往是因为"距离产生美"。天天黏在一起之后，这种神秘感就消失了，结婚已久的夫妻们更是每天大眼瞪小眼，自然感受不到这种神秘感带来的刺激。

那么，我们在关系中应该如何适当地保持距离，增加特殊吸引力呢？心理学家给出了一些实用的方法。

（1）定期制造分离

每周留出一天时间，在这一天里，和你的伴侣约定好 24 小时不能对话，暂时切断你们之间的日常交流，给彼此腾出空间。在这期间，除非紧急情况，避免任何的文字交流。一天结束后，你们也许会对对方有不同的感觉。

（2）借助工具"云交流"

高效的沟通需要面对面，但是神秘感却需要避免长期"对眼"。

比利时情感心理治疗师埃丝特·佩瑞尔（Esther Perel）在《亲密陷阱：爱、欲望与平衡艺术》一书中也建议，伴侣可以各申请一个新的邮箱或号码，专供调情使用，有助于在平淡的生活中营造出一些特别的火花。在这个账号里，你们不谈论彼此之间的关系，也不谈论真实生活中的琐事，单单用来谈情说爱、调情与嬉戏。

03 | 打破理所当然

心理学家阿瑟·亚伦曾提出过一个自我延伸（self-expansion）理论，这一理论认为，人们有一种天生的成长欲望，即通过获得新奇的经验和信息来满足拓宽自我的需要，比如去旅行，结识新朋友，尝试新爱好和学习新信息，等等。体现在亲密关系中，就是我们会被能够扩展我们的兴趣、技能和经验的伴侣关系吸引。所以，和伴侣做一些新奇的、令人兴奋的事，能够帮助提升两个人的关系满意度，在性生活中尤其如此。

加拿大约克大学的一项研究招募了118对年龄在19到74岁之间的伴侣，这些伴侣在一起的时间为4个月到30年。研究者在进行实验的21天里，让他们每天报告自己的性欲、性满意度、关系满意度、参加有自我延伸性质的活动的情况等。结果表明，伴侣之间进行新奇、令人兴奋的活动时，可以激发更高的性欲，也能够更大程度地增强自我延伸水平。有趣的是，当伴侣们在性生活上进行新的尝试时——例如尝试新的姿势、新的地点——自我延伸的程度是最高的。

研究者解释，我们在新奇的活动中会看到伴侣不同的一面，或者了解一些以前不知道的事情，在关系早期阶段，这些都是点燃激情和渴求的关键。另外，加拿大滑铁卢大学的研究员艾米莉·布里顿（Emily Britton）等人通过研究发现，尝试新鲜事物不仅能够增强兴奋感和成长感，还能够增强安全感和对伴侣的信任感。比如，跟爱人一起看鬼片、去游乐场玩刺激项目等，不仅能让我们感到兴奋，还能让我们体验到一种被保护的感觉。

那么，自我延伸理论在生活中具体可以怎么运用呢？心理学家给出了几个非常实用的小方法。

（1）跳出舒适区，做些出其不意的事

找到关系中双方都认为是理所当然的事，打破规则，制造惊喜。

比如，如果平常每天都是你的爱人负责做饭，你已经习惯了回到家就有香喷喷的饭菜的日子，那么你就可以选择在某一天晚上提早回家，做一大桌子菜给对方惊喜。如果你是那个每天做饭的伴侣，那你可以故意某一天不做饭，告诉对方你和朋友有约，要出去吃。据说，当对方回到家面对空荡荡的饭桌时，会格外想念你。这也是一种表达爱意、为生活增添情趣的方式。

（2）把未知当作计划的一部分

每个月留出一天，和伴侣轮流计划约会，安排一些你们从来没做过的事，比如尝试没有吃过的店，参加没有体会过的娱乐项目，见没有见过的人，去没有去过的地方，等等。每一次新鲜的体验，都会成为爱情的保鲜剂。

（3）共同进行自我延伸，拓宽自我

和伴侣一起选择你们都感兴趣的新技能或者新知识，比如一起学习某种乐器、运动项目，或者了解海洋生物知识。通过和伴侣一起学习新事物、获取新的技能，共同进步，你们将会创造许多共同的经历。

要注意的是，激情固然重要，但是也没有必要过度迷恋激情。因为一段好的爱情关系不只需要激情，还得有亲密和承诺——亲密是关系的纽带，而承诺关乎关系的维持。很多相濡以沫的老夫老妻，尽管彼此之间没有了激情燃烧的感觉，但依然相爱、携手一生，正是因为他们懂得如何平衡激情、亲密和承诺之间的关系。

3

为什么感觉别人都比自己过得更幸福？

—

深度解析"幸福"的误会

七夕过完，单身的小米表示，这几天她刷朋友圈的时候，觉得特别难受——看到闺密晒和男友的烛光晚餐、收到的鲜花，想到自己只能一个人孤单地躺在床上刷爱情剧，就觉得郁闷透了。

"你的闺密有没有和你抱怨情感烦恼的时候？"她说有，两人吵架的时候，闺密会和她煲电话粥，然后在电话那边哭得特别凶。

每个人或多或少都有羡慕别人的时刻：朋友明明工资不多，花呗、信用卡欠了不少，下个季度的房租都没着落，可他平时好像还是乐呵呵的，淡定又乐观；结婚的同学生了小孩，一家三口看起来真幸福；单身的闺密把一个人的生活安排得丰富，过得可真潇洒……身边的人或是本身就生活得很幸福，或是面对困难很乐观，好像全世界只有自己有好多烦恼，每天都在纠结。

但"别人都挺好，只有我好惨"是一种错觉，每个人的生活都有这样或那样的痛苦与烦恼。理解这种错觉之后，你就能发现幸福的秘密。

01 | 为什么似乎别人的快乐很多，烦恼很少呢？

我们有时候会觉得，有些烦恼似乎只属于自己，对于别人来说就不值一提。

（1）每个人都会做印象管理

美国佛罗里达大学心理学博士巴里·R. 施伦克（Barry R. Schlenker）认为，日常生活当中，我们往往会通过有意识的努力来控制自己的行为，使其在特定的观众或听众中获得理想印象，这就是印象管理。

朋友圈就是印象管理的典型例子，很多人的朋友圈都是经过精心筛选和设计后发布的内容：闺密可能只会晒出和孩子亲密相处的照片，而不会晒半夜爬起来给孩子换尿布、喂奶的样子；做微商的同学晒出了收入，却并没有晒囤货的焦虑、写不出文案的苦恼。我们看到别人所呈现出的生活与状态，往往是经过修饰与美化后的样子，而我们往往会认为别人真实的生活，就和他们表现出来的一样精彩。

每个人都在习惯性地做着印象管理，就像多数人心中有纠结或困苦时，不会逢人就说，而是在心中默默消化。所以，在旁人的眼里，也许我们也是那个没烦恼、很快乐的人。也许在我们羡慕别人的同时，别人也在羡慕着我们。

（2）我们高估了感受他人情绪的能力

日常生活中，我们容易高估自己理解别人情绪的能力，认为自己通过别人的一个表情和动作，就能判断对方的情绪感受，但事实可能并非如此。

康奈尔大学的研究人员就曾做过一项心理实验，他们随机选取了52名大学生作为参与者，将其分为两组。一组有32人，两两搭档，一人品尝，一人监督，参与者品尝10种饮料，其中两种有异味，但无论饮料的味道如何，品尝者都被要求保持中性（不厌恶也不愉悦）的表情，而监督者坐在品尝者边上，要观察品尝者表情保持中性的程度，比如说其间他们有没有透露一些厌恶或者愉悦的微表情。另一组参与者则负责观察品尝者的表情，判断其喜欢还是讨厌所品尝的饮料。监督者判断观察者可以正确猜测的概率为36.3%，品尝者认为观察者可以正确猜测的概率是27.2%，但经过实验测试，观察者正确猜测的概率是20%。

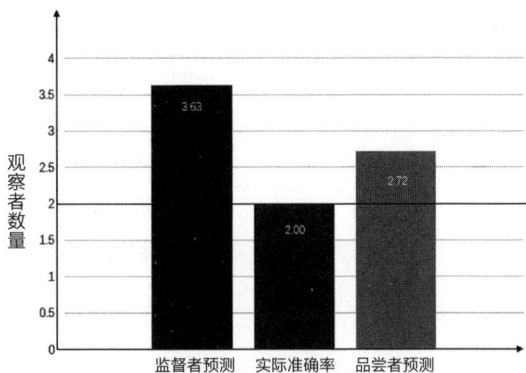

▲ 监督者、品尝者预测观察者的猜测准确率以及观察者实际猜测准确率

　　通过实验可以看出，一个人如果有意隐藏自己的情绪，我们其实很难知道别人的真实情绪与感受究竟如何，更没有百分之百的感同身受。比如，一个朋友失恋了，我们也许能够感知他平静话语里的悲伤，但感受到的痛苦的程度往往比当事人差很远。

　　很多时候并非别人的生活不痛苦或者没烦恼，也许只是他们隐藏得很好，我们感受不到别人真实的烦恼程度。也许别人心中早已经历了狂风暴雨，而自己却觉得对方云淡风轻。

02 | 与其羡慕别人的快乐，不如让自己变得幸福？

　　别人的生活也许不像我们想象的那么快乐，但即使是这种经过修饰的快乐，也在影响着我们的生活。

很多时候我们都会觉得别人过得怎么样跟自己没什么关系，可看到周围人生活得很幸福，有时还是会忍不住羡慕，觉得"他那样的生活真好啊"！荷兰蒂尔堡大学尼尔斯·范德文（Niels van de Ven）等人研究发现，这种羡慕的情感会让我们更愿意为获得相似成就而努力。这就好比我们上学时，看到班里成绩好的同学也难免会羡慕，这种羡慕情绪有时会激发学习动力，让我们更有干劲，获得更好的成绩。

同时，这种羡慕也会触发一个人的自卑感与挫败感。我们在与优秀者进行比较的过程中，难免会产生"他很棒，而自己好像不如他"的感觉。这种自卑感可能不仅来自与他人的比较，也来自现实自我和理想自我的差距。假设你之前很想养成早起的习惯，可一直没有行动起来，心里也觉得无所谓，但最近有同事每天六点左右都会发早起打卡的朋友圈，这就让你觉得有些焦虑，因为他的每一次早起打卡，似乎都像是在说你没能达成目标，成为理想的自己。

（1）正确看待自己的不足

美国肯塔基大学心理学博士理查德·H. 史密斯（Richard H. Smith）等人认为，羡慕所引发的沮丧与不愉快，根本上是因为人们意识到了自己的不足。当我们看到其他人的优势时，往往就会联想到自己的劣势与缺点。例如，看到朋友坚持健身、身材变好，就能对比出自己没有毅力、身材不好。

面对不足，很多人采取的应对措施是否认事实或自我指责。例如，有些因为内向而难以脱单的朋友，会经常责备自己不会社交、情商不够。无论是否认事实还是自我指责，大多数情况下都会加剧负面情绪，消耗能量，让人很难成长与进步。面对不足，更有效的方式是看清自己，接纳差距。

内向的人常常会羡慕外向者能够拥有很多朋友，在社交聚会上谈笑风生也没问题，可一旦逼迫自己参加过量的聚会，往往又会消耗能量，整个人感觉特别累。社交能力欠缺的内向者可以看到自身的不足，而如果逼自己成为外向者，又很难做到。

但是内向的人也有自己的优点，他们擅长倾听，更适合与人进行亲密深入的交流与沟通。所以内向的人根本不必逼自己变外向，不如尝试在接受自己的同时，适当和外向者学习一些社交技巧，提升自己的社交能力，这时再把自己和人深入沟通的能力利用起来，就可以相对容易地脱单。

（2）设定目标与计划，塑造理想自我

美国俄克拉荷马大学的心理学教授雷蒙德·米勒（Raymond B. Miller）认为，理想自我是需要通过长期努力才能实现的，因此人们必须创建近期计划，设定指向最终目标的行动方针。

小米和我说，她看到闺密通过减肥瘦了下来，然后脱单了，自己也想要去减肥，但坚持做了几天运动后没见到什么效果就放弃了。她说自己就是没恒心，缺乏毅力，不像闺密一样能够坚持。而心理学家认为，实现理想自我除了坚持以外，还需要有知识、经验、有效的计划和认知能力。比如，在减肥的过程中，每个人都难免遇到懈怠、不愿行动的时候，如果能够将这样的状况提前列入计划中，后面遇到困难时可能就更容易解决，而非放弃。

那么，怎么做才能有效整合知识经验，设定有效计划，实现理想自我呢？

第一步，掌握相关知识。就拿减肥来说，我们可以先通过咨询健身教练或阅读相应书籍资料，掌握饮食和运动等相关知识，了解自己可以怎么做、可能会遇到哪些问题。

第二步，拆解目标，制订相应的行动计划。比如，你设定的目标是3个月瘦身10公斤，那么就要将目标拆解到每个月，例如第一个月5公斤，第二个月3公斤，第三个月2公斤。同时也要设定好每天的行动计划，如早、中、晚的食谱，每天具体的锻炼任务。

第三步，执行。根据拆分的目标与任务是否达成，自我监督且采取奖罚，并通过这样的监督增强执行力。

以上三步能够帮助你提升实现目标的可能性，接近理想自我的样子。

其实无论单身、恋爱还是结婚，每个人都有各自的幸福与烦恼，接纳每种状态中的烦恼，努力追寻更美好的状态，才能让自己变得更幸福。

4

我都这么惨了，凭什么不能无理取闹？

——

小心受害者心态作祟

"整个周末我都在加班，你在家就不知道收拾一下么？房间乱得像猪窝一样！你知道我有多累吗？"

"我来大姨妈了，你知道有多痛吗，你怎么还能不接我电话？"

谈恋爱的时候，我们或多或少都会遇到感觉很委屈的时刻，认为一切糟糕的结果都是别人造成的。但仔细想想上面的话，你会发现主人公其实把伴侣当成了自己情绪的替罪羊——加班很累其实和另一半无关，来大姨妈跟伴侣接不接电话也没有关系。

有些时候，我们可能会忽略自身的问题，将责任推给他人或客观环境，觉得自己无辜地受到了伤害或不公平对待，从而陷入委屈难过、自怨自艾的状态，一味寻求同情与安慰。美国心理学家卡普曼（Karpman）将这种心态称为受害者心态，这样的心理状态可以总结为一句话：我很委屈，我要安慰，我不想负责。

没有人会喜欢总是抱着受害者心态的人，但我们每个人都可能无意识陷入这种心态当中。

01 | 受害者为什么会无理取闹？

一旦陷入受害者心态，我们就会开始给周围的人施压，绵绵不断地抱怨和吐槽。而很多时候在他人眼里，这就是无理取闹。

斯坦福大学的研究人员曾进行过一项心理实验，他们抽取了143人到实验室玩两款游戏，其中有86名女性、57名男性，游戏通关后每位参与者将会获得三美元。但实际上，所有参与者都被设定成是无法通关的，只是背后的原因不同：在第一款游戏中，研究者专门设计游戏故障，让参与者无法通过；在第二款游戏中，研究者们则人为提高了游戏难度，参与者也无法通过。接着，研究者要求参与者填写心理权力感量表，以评估他们在遭遇以上两种不同情况时内心权力感的变化。最后每位参与者被告知，他们将和另一位参与者同分六美元，而他比对方完成游戏的速度快了70%，参与者可以自己来分配这六美元。结果，因游戏故障未通过的参与者，比因为游戏难度未通过的参与者，分配给了自己更多钱。

研究者解释：前者认为自己受到了不公平对待，游戏故障并非自己的过错，所以认为自己应该收到更多的钱；后者认为确实是自己游戏水平不够而没能通过游戏，因此愿意分配给另一个参与者更多钱。

从这个实验中我们可以看出，当我们受到不公平的对待时，就会觉得自己有更多权力去要求别人，为自己索取更多利益。而惯性抱持受害者心态的人，一直认为自己拥有比其他人更大的权力，因此会想要掌控身边的人。我有一个朋友因为工作没做好，在公司大会上被老板一顿猛批，她觉得自己很委屈，回家后就开始发脾气，在男朋友身上找碴，不是抱怨他工资低，就是嫌弃他只知道打游戏，一点不上进。

其实，这位朋友被她的老板批评和她男朋友一点关系也没有，只是因为她觉得自己是受害者，有发脾气的权力，而男朋友作为亲密关系中的对象，理当包容她发脾气——"我都这么委屈了，凭什么你就不能忍一忍？"也许她没有注意到，被迫承受自己负面情绪的男朋友，这时也成了受害者。

02 | 我们为什么会陷入受害者心态？

（1）害怕承认自己是错的

当你自己犯错或被别人说"你做错了"的时候，可能会觉得有些不舒服，甚至出现羞愧或者愤怒的情绪。远古时期的人类一旦犯错，可能就会死亡，如被野兽吃掉。虽然人类在不断进化，但这种对犯错的担忧，可能植入到了我们的无意识恐惧中，所以人们似乎都很害怕犯错。

此外，犯错也可能会降低自我价值感。有些人通过成败来衡量自身价值，而犯错增加了失败的概率，容易让人产生自我否定感。对另一些人来说，承认自己做错了是一件很难的事，于是他们为了自我欺骗，就借用委屈的情绪把自己置于受害者的角色，通过抱怨他人的错误来证明自己的正确，借此寻求安全感与自我价值感。比如，没完成工作任务不先反思自己，而是直接向老板抱怨任务重，同事不配合，找各种各样的理由。而这样的行为本身，其实是对自己的不负责。

（2）不希望承担责任

不劳而获可能是某些人的理想，与不劳而获相对应的就是付出努力和承担责任。在一段关系中，承担更多责任的那一方也是需要付出更多精力经营关系的人，把责任推给别人的一方则是把自己当成受害者，等着被爱、被关心，乐得轻松。

03 | 如何摆脱受害者心态？

受害者心态很大部分是植根于人性中的，它在无意识中的确会为我们谋求利益，但更多时候带来的却是矛盾和问题。首先，它会损害亲密关系。当关系中的一方陷入受害者心态时，另一方就会不可避免地成为照顾者的角色，长期承担更多责任，难免会觉得累和厌烦。此外，陷入受害者心态的人自己也丧失了独立承担责任和解决问题的能力，下一次面临同样的问题时，可能依然无法解决。那有没有什么方法能够改变受害者心态呢？可以尝试以下两种方式：

（1）意识到自己也可能是"迫害者"

心理学家卡普曼发现，我们的内心会在受害者、迫害者、拯救者这三个角色当中不停地切换。当我们扮演了其中一个角色时，周围的人为了维持这个三角的平衡，就会无意识地扮演其他角色。

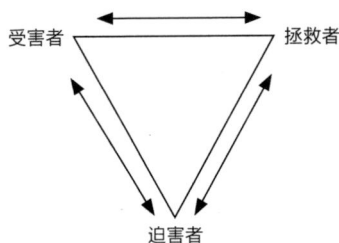

▲ 卡普曼戏剧三角形

想象这个场景：你正在排一条二三十米长的队伍，排了半个小时，就快轮到的时候却被一个人跑到前面插了队。这时你可能会感到愤怒，这是人之常情。但很多人可能也有过这样的经历：因为堵车，你在火车出发前 20 分钟才赶到车站，因为着急，你也上前插了队，过后却心安理得，觉得这是无奈之举。所以在别人插队的时候，我们可能会把自己当成受害者，觉得对方没素质；而在自己插队的时候，我们可能会找理由将其合理化，很少会认为自己是迫害者。

同时，我们在把自己当成受害者的时候，也可以停下来换位思考一下自己是否也做过迫害者。

（2）从受害者心态转化为当责心态

在普林斯顿大学的一项研究中，40名男大学生观看了肇事者造成事故，致使受害者受伤的录像带。研究人员告诉这40名大学生，他们之后也将承担相应的角色任务，扮演肇事者或受害者。接着分别询问这40名大学生对事故原因的判断，以及有什么好的方法途径可以避免事故再次发生。结果显示：扮演肇事者的人因为害怕被责难，会把事故归结为是偶然原因；扮演受害者的人，为了保证自身权益，则认为这完全是肇事者的错。

我们往往以为，受害者为了避免之后再次受伤肯定会积极负责，采取最有效的措施，以防事故再次发生。但实验结果显示，扮演肇事者的人反而会更积极地采取措施，避免受害者再次受伤，扮演受害者的人却很少行动。这是因为受害者觉得自己是无辜的，不用承担解决问题的责任，所以即使未来自己可能会受伤，也不愿意负责。

这是一对情侣吵架的日常情景：女生一整天没接电话，也没回短信，女生晚上回来时，男生吼了她，而她一个人跑到卧室哭。两个人隔着门吵了快10分钟，吵着吵着才知道，女生没接电话原来是因为手机和钱包都丢了。男生后来解释说，他之所以大声说话，是因为太过担心女朋友了，心里很着急。在这个场景中，男生把自己当成了受害者，需要女生的解释来化解一天的担心；而女生也把自己当成了受害者，需要男朋友的安慰来平复丢手机的难过。两个人都没有满足对方的需求，于是发生矛盾，开始吵架。

当关系出现问题时，双方都很容易把自己当成受害者，希望对方主动负责解决问题。没人负责时，就会发生争吵，指责对方。在上面的场景中，如果男生转变态度，关心女朋友，而不是关注自己的感受，在女朋友回来时，温柔地询问对方发生了什么事，这段故事可能就会有一个温馨的结局。

每个人内心深处可能都希望自己是个孩子，有人关心，有人爱护，帮自己解决问题。可当我们陷入受害者心理，指责他人、推卸责任时，不仅没办法解决问题，可能还会伤害我们在乎的人。所以，做个主动付出的责任者吧，比起做被动等待的受害者，这样可能更容易获得幸福。

5

对不起，你真的不懂我！
—
"贴标签"会给爱情带来什么

某次和一位很久不见的大学同学吃饭，这位女生是当时班上公认的"温柔女神"，却说最近感觉自己的脾气越来越暴躁了。问及原因，她解释说起因是一次和男朋友的争吵，那次吵完架，男朋友说她脾气不好，她很生气，给男朋友甩了好几天脸色看。结果在那以后，每次一吵架，她的男朋友就说她脾气不好，而她自己好像也慢慢接受了这种说法，最后真的变得暴躁了。

其实，很多人多少都有类似的经历：别人评判我们、给我们贴上标签，我们也就真的慢慢变成了标签的样子。

01 | 标签的魔力

有读者反馈说自己小时候学习成绩好，常常会被老师和亲戚朋友夸赞是"好孩子"。在被贴上"好孩子"这个标签时,她一方面觉得开心,另一方面也会感受到压力,觉得必须要按照好孩子的标准去要求自己。即使会累、会烦,却还是觉得父母的话要都听,老师交代的任务必须要认真完成。可见标签之下的人,常常很难做自己。

美国明尼苏达大学的社会心理学家马克·斯奈德(Mark Snyder)曾经做过一项实验,他在76名男大学生和76名女大学生之中各抽出一位,让两个人进行电话交谈。在交谈之前,他给每一名男学生看一张照片,并告知这就是与其交谈的女生的样子,其中一半男生看到的是体重正常的女生,一半看到的是肥胖的女生。

实验中,男生看不到和自己对话的女生的真实面貌,就会把照片中的样子代入,看到体重超标女生照片的男生,在给交谈的女生对象贴上肥胖、不可爱的标签后,与其谈话的热情与愉悦度都会变得更低。而当这些被认为肥胖的女生在和男生交谈的过程中感知到男学生缺乏热情,就形成对自己的一些负面评价,比如"我是没吸引力的"。结果,女生在交流与表达中,真的表现得很拘谨,证实了肥胖女生对男生没有吸引力这一判断。

美国社会心理学家乔治·赫伯特·米德(George Herbert Mead)认为,我们的自我概念与想象中别人如何评价我们有关。从以上实验中也可以看出,别人给我们贴的标签会影响我们的自我评价,也会影响我们的行动和表现。

02 | 被贴标签是无法避免的

没人愿意被贴标签，因为这意味着别人只是在简单粗暴地定义你。可很多时候当我们想起一个或一类人时，还是会禁不住想起对方的某些特质，然后给他贴上标签。

德国马克斯·普朗克心理研究所的戈登·莫斯科维茨（Gordon B. Moskowitz）认为，贴标签也即对他人的特质进行判断这一行为是自发形成的，且发生在无意识之中。比如，当我们结识新朋友，和对方吃饭、聊天时，可能并没有意识到自己在给对方贴标签。可是，之后有人问起这位新朋友怎么样时，我们肯定能快速给出评价，比如他很会说话、能力很强等。虽然我们自己没有意识到，但这种评估他人并得出结论的过程，可能早在我们与人发生接触时就开始发生了。

事实上，贴标签这一行为并不全是负面的。社交信息不容易被处理，也不容易被组织记忆，而通过贴标签的方式给对方的特征下判断，能够帮助我们快速组织起社交信息，便于记忆，促进社交。可能我们在和新朋友第二次见面时已经记不起对方的名字了，却还能够记住对方的一些特征，从而回忆起这个人。

此外，贴标签作为一种分类的方式，可以帮助我们在最大程度上控制和理解不确定的外界环境，感到更加安全和稳定。当我们给一个人贴上标签，如大方、小气、温柔、暴躁时，我们其实也是在试图了解对方，以此探寻与对方的相处之道，从而降低内心的不确定感，获得更多的掌控感。

03 | 面对标签，我们可以怎么做？

那么，如果无法避免被贴标签，又不想让一张小小的标签掩盖住自己作为个体的独特性，该怎么做才好呢？

（1）学会主动给自己贴标签

我们之所以觉得被贴标签不舒服，可能是因为别人的评价和自我评价发生了冲突。就像开头被认定脾气不好的女生，她之所以会生气，是因为她觉得自己其实非常温柔。所以她最应该做的不是认同男朋友给自己贴的脾气暴躁的标签，而是给自己贴上温柔的标签。

标签效应（Label Effect）认为，个体会倾向于使自己的行为与所贴的标签内容一致，向标签所标定的方向行动。比如，当你给自己贴上爱玩和努力工作的标签时，可能会玩得更开心，同时也更加努力工作，生活和工作上都会变得更满意。

我们给自己贴上自己想要的标签，其实就是告诉自己这就是自己理想中的样子，从而不断向理想中的自己行动。而当我们发自内心地认同自己身上的特质时，别人给我们贴的标签也就不那么重要了。

（2）面对标签，学会课题分离

课题分离是奥地利精神病学家阿尔弗雷德·阿德勒（Alfred Adler）提出的一个概念，即分清楚什么是别人的课题，什么是自己的课题。比如说，有些男生会被贴上"娘"的标签，但倘若他们将"娘"看作是自己身上的一种温柔气质并予以认同，那它就不会成为一个贬义词，他们自己也不会因此感到愤怒或不满。这是一次很好的课题分离范例——将别人的评价和自我认同区分开，不让别人的标签影响自己。

生活中我们离不开社交，也不可避免地会被评价，被贴上各种各样的标签。但是我们要理解，别人的评价是别人的课题，我们的自我认知是自己的课题，不一定要认同甚至内化别人给自己贴上的标签。

当别人给我们贴上自己不认可的标签时，先别着急生气，不妨先想一想他们做出这种评价的理由是什么。比如，当女朋友评价自己是"直男"时，不妨想一想是不是自己不擅长情感上的沟通，没有满足对方爱的需要呢？其次，也可以思考一下这个标签背后的特质是不是自己想要的。比如我们可能不喜欢"直男"这个标签，却也希望做一个能和伴侣亲密沟通的人，那我们就可以尝试去提升沟通能力。同时，"直男"一词体现出的专一与负责，是我们可以继续保持的特质。

　　课题分离并不是一味地坚持自我，别人的评价也并非没有参考作用，我们要做的是时刻回归自身，去思考我是谁、我想成为一个怎样的人。

　　每个人都不喜欢被片面地了解，更讨厌被误解，内心深处总是希望别人能真正地理解自己，却常常忽略了，其实定义自我与人生的权利，一直掌握在我们自己的手中。

我精心准备了礼物，对方却说我不懂她

—

爱的五种语言

处于亲密关系中的情侣，可能会因为某些相处细节消磨彼此的感情。有时候，他们会觉得对方不懂得自己想要什么，甚至认为伴侣的要求是在无理取闹。

当你在和朋友、伴侣或家人相处的时候，是否偶尔也会有想传达的心意没有被对方接收到的时候？比如，你兴冲冲地给自己女朋友亲手准备了便当，想给对方一个惊喜，结果对方根本就没在意。出现这种问题的本质原因在于每个人的成长环境和经历不同，表达爱的方式和关注的角度也不同。不了解对方表达爱的方式，自然就有可能误读对方的情意。

当朋友、伴侣或家人使用不同的语言系统进行沟通时，爱可能就会传递失败，无法让对方感知到。这时，我们就需要了解对方的爱的语言。

01 | 五种爱的语言

"爱的语言"这一概念是由盖瑞·查普曼（Gary Chapman）博士在他的《五种爱的语言：爱持久的秘密》一书中提出的。他根据婚姻咨询和语言学的经验，在书中提炼并描述了五种沟通爱的方式，包括：肯定话语（words of affirmation）、优质共处（quality time）、收到礼物（receiving gifts）、服务行为（acts of service）和身体接触（physical touch）。

每个人表达爱、接受爱的方式各有不同，在关系中发现并使用你与伴侣之间共同的爱的语言，能够更好地帮助你理解对方的需求，支持对方的成长。

02 | 如何了解自己爱的语言？

下面有一些陈述，是关于你如何表达爱，在一段关系中会抱怨什么，对伴侣有什么要求或需求，等等。其中最能引起你共鸣的就是你最主要的爱的语言，如果有两种或两种以上的语言并列第一，也是很常见的情况。

（1）肯定话语

重视书面和口头表达的感情，包括频繁地说"我爱你"以及表达赞美、感激、鼓励的话语，频繁地与对方短信联系，或通过社交媒体互动等。

你很喜欢听对方说"我爱你"。这三个字对你来说是特别有意义的，你听到后会很安心。

当你被认可和表扬时，不管你的努力有多小，但对方的肯定让你知道你是有价值的。

被爱的细节对你而言很重要，你喜欢伴侣对你微小改变的敏锐观察，如看出你换了发型等，这会让你有种被关注、被珍惜的感觉。

当你为你的伴侣做事情时，他们会说"谢谢"，这让你感到被认可和肯定。他们会留意到一些你做的积极的事情，并且花时间思考和评论，你会感到被重视。

（2）优质共处

强烈地渴望与自己的另一半共度时光，和对方在一起时，你喜欢主动倾听、眼神交流、全身心投入，注重此时此地的感受，偏好进行有意义的对话或一起玩耍。

你喜欢和对方度过不受干扰的时间。你们有足够的时间出去玩，全神贯注地享受彼此陪伴的时光。你喜欢对方为你腾出时间，在日程表中优先考虑你，并且不会取消与你的约定。

创造在一起的回忆和特殊时刻是非常重要的，和对方一起去经历新鲜的事情对你来说意义重大。时间是宝贵的，你觉得你们在一起的每一秒都是有意义的。

当你在伴侣身边时，即使你们什么都没做，你也会感到满足和快乐，因为重要的是你们花了很多时间在一起。

（3）服务行为

相信行胜于言，喜欢伴侣通过行动来减轻你的负担。比如在生病的时候给你送汤，早上为你煮咖啡，或在你忙碌了一天后帮你洗衣服，这些行为会让你感觉自己被照顾了。

你的伴侣关注到你做的事情并主动伸出援手，这对你而言意义重大。你认为空谈是廉价的，行动意味着一切，你需要有人来帮助你，让你知道你可以依靠他们。

当你的伴侣为你做一些小事情，让你的生活更轻松时，你会觉得自己被照顾了，进而更爱他。

（4）收到礼物

喜欢收到既有形又有意义的礼物。收到礼物表明自己是被关注、被珍视的。

当你收到礼物时，你会有被爱的感觉。礼物本身很好，但真正重要的是礼物背后的心意：他们心中记挂着你，关心着你。

约会或旅行后，你常常会带纪念品回家，如一起看到的玩偶或小钥匙链。看到这些物品会让你想起美好的时刻。

最好的礼物是那些有意义的物品，如果有惊喜那就更好了，这可以稳固你们之间的关系。

你会认为节假日、生日或纪念日是充满仪式感的，想要用某种礼物来纪念它。这些时候收到礼物，你会感觉自己被关注、被珍视。你也会珍惜有怀旧意义的物品。

（5）身体接触

重视身体接触带来的温暖和舒适的感觉。拥抱、依偎和亲吻时，你会感到被爱。

你期待拥抱、依偎和亲吻。没有什么比身体上的亲密接触更好的了。

当可以经常触碰到对方时，你会觉得很踏实。

即使在公共场合，你也喜欢和伴侣进行肢体接触，这会让你感到自己是被需要和被渴望的。

你喜欢和伴侣并排坐着，互相依偎，越近越好。你会自动伸手去摸对方的腿，抚弄对方的头发，或给对方进行背部按摩。

亲密的肢体接触让你感到被爱，并与伴侣更亲密。

爱的语言听起来只是一个很简单的概念，但是当你与伴侣实地相处时，就会发现能读懂对方爱的语言是多么重要。了解自己和伴侣的爱的语言可以帮助我们更好地读懂彼此伸过来的"橄榄枝"，并用对方能感知到的方式来表达爱意。

03 | 爱的语言一定要相同吗？

根据查普曼博士的观点，若伴侣之间主要的爱的语言是一致的，那么两个人对关系的满意程度也会比较高，因为他们可以更好地表达和接收爱意，读懂对方的心思。但澳大利亚昆士兰科技大学的研究者发现，爱的语言与关系满意度之间仅具有中度相关性。自我调整即通过学习对方爱的语言，来调整自己表达爱的方式，从而更好地向对方传达心意，对关系满意程度的影响更大。

研究者邀请了67对夫妻，通过量表测量他们的爱的语言、关系满意度和关系中的自我调整，以此研究爱的语言和自我调整对关系满意度的影响。结果发现，爱的语言一致并没有我们想的那么重要，彼此一致的夫妻，似乎并不比那些不一致的夫妻更幸福。

研究还探讨了当夫妻主要的爱的语言不一致时，男性和女性的自我调整在多大程度上可以影响关系满意度。结果发现，爱的语言不一致时，女性的自我调整能够同时影响到两个人的关系满意度。也就是说，在主要的爱的语言不一致的关系中，当女性能调整自己的行为以适应伴侣的需要时，两人都会更快乐。

所以，即使与伴侣爱的语言不一致，我们也可以通过自我调整，通过有效地使用伴侣的爱的语言，以增加关系满意度。比如，对方喜欢收到礼物，那么你就可以经常送对方礼物；对方喜欢肯定的话语，那么就多多称赞对方。

此外，尽管目前的研究结果显示，似乎女性主动做出调整更有利于维护关系亲密度，但不论男女，每个人的自我调整程度，才是自身关系满意度的最大影响因素。

⑦

40%的人表示，养猫后成了单身

—

关于"陌生情境测验"的研究

被很多人称为"毛孩子"的宠物，有时候也会影响情侣之间的感情。

2020年9月，Pet Life Today网站就曾做过一个调查。研究者们询问了1000对有宠物的情侣，调查他们的宠物是否会影响他们的感情以及夜间活动。结果发现，有40%的受访者感到和自己伴侣的宠物之间存在竞争关系，有31%的狗主人和26%的猫主人说宠物会影响到他们的夜间行为和情感。有时候，人们选择养宠物也许是为了提高伴侣之间的关系质量，但是后来却发现，比起自己，对方更爱的好像是那些"毛孩子"。这是为什么呢？

01 | 理由一：你仅仅是我的恋人，而它是我的"孩子"

宠物和主人之间的确存在着类似人类之间的亲子关系，发展心理学家玛丽·安斯沃斯（Mary Ainsworth）的陌生情境测验（the Ainsworth Strange Situation Assessment）就为这一结论提供了具有说服力的行为证据。

实验开始时，研究人员让主人和宠物单独待在一个房间，宠物可以在房间中自由活动。之后，会有一个陌生人进入房间开始和主人交谈，并尝试接近宠物。再之后，主人会暂时离开房间，在外面待一段时间后，回来安慰自己的宠物。

结果显示，在整个实验中，宠物和主人的互动方式与婴儿和父母的互动方式十分类似。宠物会在主人离开后表现出像婴儿一般的分离焦虑和寻找行为。

在你养了一只宠物之后，心理身份也会转换成父母。美国伊利诺伊州埃文斯顿市西北大学的人类学家李·盖特勒（Lee Gettler）等人发现，男性在做爸爸之后睾酮水平会下降，从而导致性欲望减弱，性行为的次数也会相应变少。

02 │ 理由二："毛孩子"比恋人更可爱

随着认知神经科学与脑影像学技术的进步，研究者们开始用"养育脑"的概念去解释亲子关系的脑神经机制。

养育脑（parental brain）指的是成人响应婴儿刺激（面孔、声音等）时，大脑中与养育行为密切相关的一系列神经回路，主要涉及动机—奖赏、共情、情绪调节和执行功能等神经网络，眶额皮层、前扣带皮层、前脑岛、杏仁核和辅助运动区等核心脑区也会同时运作。可以说，我们看到婴儿会感到可爱，并产生想要照顾他们的欲望，就是养育脑在起作用。

我们的大脑通常会认定婴幼儿的长相是可爱的，当婴幼儿特征被放大时——比如眼睛大，脸圆——我们就会情不自禁地感觉到可爱，视觉区域、眶额叶皮层还有大脑的奖励中枢等都会被激活，想照顾他们的心也开始跃跃欲试了。

这也符合动物学家康拉德·洛伦兹（Konrad Lorenz）对可爱的定义：大眼睛，小鼻子，胖乎乎的脸颊。这些特征在动物幼崽身上更是会被放大，所以很多时候，人们会理所当然地觉得小猫、小狗更可爱。

03 | 理由三：或许"毛孩子"和恋人更合得来

人格指的是生物体独特且稳定的心理、行为特征。宠物也是有人格的，有些猫生来就很黏人，有些猫生来就很凶，这就是它们独特的人格。物以类聚，人以群分，宠物和主人也会因为人格特征相近而更加匹配。美国俄克拉荷马州立大学的心理学家丽莎·克博（Lisa Curb）等研究人员的实验证明，当主人和宠物可以彼此分享、共同出游，并拥有相匹配的专注力和人际交往能力时，他们将相处得很好。因此也有这样一种可能，即你的伴侣和你的宠物的人格特征很相近，所以他们在一起会更加快乐。

我们常常调侃宠物抢走了我们的伴侣，但这其实并不是真正意义上的抢走。劳伦斯·A. 库尔德克（Lawrence A. Kurdek）的研究表明，宠物确实有安慰的作用，但是这种作用并不能和亲密关系的重要性相提并论。也就是说，宠物和人类的关系是一种补充，而非补偿，并不会造成具有竞争性质的三角关系，给我们情感上带来压力。

所以，如果感情中有一方投入给宠物的时间和精力比给你的还多，那很可能是因为你们的感情本身出现了问题，对方才会把与宠物相处作为一种获得慰藉的方式。这时，我们要做的是把注意力放回人与人的关系上，察觉关系本身的问题，而不是让宠物蒙蔽了问题的本质。

8

吵架后的鱼水之欢，比平时更快乐？

—

心理学解读"愤怒的性爱"

当你和伴侣吵架过后，你们会做什么？买包，买奶茶，主动承包家务，还是干脆来一场鱼水之欢？英文里就有个词叫"和解式性爱"（makeup sex），通常被称为"愤怒的性爱"。事实上，性行为的确具有和解、平息争端的功能，可以分散注意力，缓和吵架后的紧张氛围。

01 | 倭黑猩猩也有相同癖好

你也许不知道，倭黑猩猩面对冲突时，也会和人类做出相似的选择。它们的DNA有超过98%的部分和人类相同，比大猩猩更接近人类。

英国流行病学家理查德·威尔金森（Richard Wilkinson）和凯特·皮克特（Kate Pickett）在《公平之怒》（*The Spirit*

Level）一书里写道："倭黑猩猩通过性行为来避免争夺稀缺资源导致的冲突……人类与倭黑猩猩的祖先很可能更偏好做爱，而不是作战。"埃默里大学的研究者发现，在倭黑猩猩种群中，性行为也是缓解冲突的重要方式。在冲突后，为了达到安慰与和解的目的，成年倭黑猩猩之间发生性行为的概率会显著增加，甚至成为缓解冲突的主要方式。这种时候发生的性行为被称为冲突后性行为（postconflict sexual contacts），也会辅以一些拥抱动作等。这与冲突减轻假说（stressalleviation hypothesis）也是一致的，即被迫陷入冲突的受害者（主动发起冲突者为攻击者）会得到不以生育下一代为目的的性安慰接触。

02 | 为什么冲突后性行为会更快乐？

在经历了一场激烈的争吵之后，一切似乎都被抛在了脑后。对于和解式性爱来说，争吵似乎就是一种前戏，随后发生的狂野而又令人极度满足的性爱才是正片。这可能是因为吵架唤起的情绪可以一直保留到性行为发生时。夫妻吵架时，情绪会很激动，但如果双方彼此深爱，害怕失去这段关系，发生冲突的过程就会让两人之间产生距离感，引发害怕失去对方的恐惧。而这种威胁感会激活我们的依恋系统，为了不失去对方并恢复亲密，我们会产生很强的修复关系的动机。

研究也发现，在受到情绪威胁的刺激之后——例如想象伴侣爱上其他人——人们出于对有可能失去对方的恐惧，会对现在的伴侣更亲密。

03 | 和解式性爱虽好，也要考虑个体差异

2020年发表在《性行为档案》（*Archives of Sexual Behavior*）上的一项研究追踪了107对新婚夫妻，研究者请新婚夫妻们完成两周的日记，每晚报告当天的关系冲突情况、性行为和婚姻满意度。结果发现，报告中出现的冲突后性行为带来的愉悦感并不强。

事实上，和解式性爱的确可以在一定程度上缓解负面情绪，减少冲突对夫妻日常关系质量的负面影响。但是从长远看，它对婚姻满意度并没有本质的影响。换句话说，经常发生和解式性爱的夫妇当天的感觉可能更好，但总体上并没有更快乐。即使如此，冲突后发生和解式性爱的夫妻，对婚姻的满意度还是要高于只有冲突却没有性爱的夫妻。

而且，和解式性爱的愉悦感也受个体差异的影响：一些夫妻似乎更喜欢在客厅吵完就转战卧室，也许这是他们重新爱上对方的一种方式；也有一些夫妻认为冲突和性亲密水火不相容，会在婚姻生活中把两者分开，比如有的妻子就会在吵架后

大吼一声："今天你不要碰我一根指头！"

　　总的来说，虽然和解式性爱可以帮夫妻迅速恢复亲密感，但是为了获得这种快感而吵架并不可取。和解式性爱只能通过身体愉悦来暂时抚平冲突，却不能从根本上解决导致冲突的问题。此外，如果发生冲突的频率很高，这种持续的威胁和不安全感也会随着时间的推移破坏夫妻关系。所以，我们需要做的是多多沟通，寻求积极的冲突应对方式，而不应习惯于"床头吵架床尾和"的循环，这样才能使关系得到长远发展。

9

伴侣自慰，是对我不满意吗？

—

正经性科普

有些夫妻可能会产生这样的困扰：伴侣背着我自慰，是因为我的魅力不足，让对方不满意了吗？回答这个问题之前，我们可以先来看一下什么是自慰。

01 | 你了解自慰吗？

按照美国国家卫生研究所的定义，自慰是指用手或者其他物件摩擦和刺激生殖器官，以达到性高潮和性满足的方式或行为。

美国著名性学家阿尔弗雷德·金赛（Alfred Kinsey）在调查中发现：92%的男性会自慰，他们在进入青春期，发生第一次梦遗之后，就会开始有高潮体验；大约58%的女性也可以通过自慰来获得性高潮。对于那些在性交中难以达到高潮的女性，性治疗师可能会推荐她们通过学习自慰来探索自己的身体。

02 | 你不知道的自慰的好处

自慰是私密的，它不需要取悦伴侣，只关乎自己。它能够让人更了解自己的身体，对我们的身心甚至与伴侣的性关系，都有很多积极的作用。

（1）自慰有助于提升性关系满意度

自慰能够让我们更加了解自己喜欢什么感觉，喜欢怎样被触摸。伴侣有时可能无法准确地触碰到特定的敏感部位，无法正确地施加压力，或者找不到能激发性高潮的节奏。当我们了解自己的身体需求后，也可以将这些需求传达给伴侣，从而获得更好的性体验。

发表于《性教育与治疗杂志》（*Journal of Sex Education and Therapy*）的一项研究指出，可以通过自慰达到性高潮的女性比起无法通过自慰达到性高潮的女性，婚姻和性满意度更高，性唤起需要的时间更短。

（2）自慰的生理益处

英国谢菲尔德大学的罗伊·J. 莱文博士（Roy J. Levin）在文

献中指出，通过性交和自慰引发的性唤起都能给身体带来一些益处，而自慰在生理上给人带来的感觉更强烈，也会带来更大的健康回报，如促进血液循环、增强神经和肌肉的功能。

对于男性，自慰能使精子形态和精液体积保持在正常范围内，增加体内白细胞水平，从而清除潜在的致癌物质，减少前列腺癌的发生。对于女性，自慰带来的性高潮会让子宫颈口松弛张开，这一过程可以促进阴道内分泌物排出从而将满是细菌的宫颈液冲洗掉，帮助预防宫颈感染和尿路感染。此外，性高潮带来的盆底肌肉收缩还可以增强盆底肌肉力量和增加骨盆底强度，而女性盆底肌肉力量对性健康和性满意度有着重要的影响，更强的骨盆底强度也与较高的性活动率以及较高的性功能评分相关。

（3）帮助解压，提升愉悦感

性高潮的时候，我们的身体会非常努力地释放出许多不同的激素，包括内啡肽、多巴胺等。内啡肽会减轻疼痛，并使人感觉良好，堪称天然止痛剂。而多巴胺是能够让我们感到愉悦的化学物质，负责快乐、欲望和动力，形成于大脑的腹侧被盖区域，会被释放到伏隔核和前额叶皮层等部位。

因此，适度的自慰可以帮助人们解压，带来积极的情绪体验。

（4）自慰是最安全的性体验

最后，自慰的确是最安全的释放性欲的方式，能够降低意外怀孕和性疾病传播的概率。因此，它在一定意义上可以避免道德和社会问题。

03 ｜ 我们会因自慰伤害到自己吗？

你可能会好奇，适度自慰的"度"究竟要如何定义。北师大性教育研究专家刘文利提出，自慰的频率可以由每个人自己来设定，只要不影响正常生活就好，没有统一的标准。所以，比起频率，我们更应该关注的是自慰的方式和看待它的态度，否则也会给我们带来负面影响。下面就是几种负面的情况：

（1）伤害到身体

不正确的自慰可能会导致轻微的皮肤擦伤，某些严重的情况下甚至会引发佩罗尼氏病——斑块会在阴茎轴积聚，这是重度中风的一种表现。另外，不洁的玩具可能会导致细菌和感染。因此借助性玩具进行自慰的时候，要注意保持洁净。同时，避免和多个伴侣共用一个玩具，因为这可能会增加传染疾病的风险。

（2）带来情绪压力

很多研究发现，自慰本身不会带来压力，但对待自慰的态度却是压力的来源。如果自慰与自己的宗教信仰或文化信仰产生冲突——比如在基督教的文化里，婚姻之外的性生活都是不圣洁的——可能也会让我们认为自慰是可耻的，从而产生愧疚感，对心理健康造成负面影响。

（3）影响到正常性生活

自慰有助于保持性活跃。但如果过度依赖这一方式，可能会影响与伴侣的正常性生活。比如，你的大脑可能已经习惯了你独自摩擦阴茎或抚摸阴蒂，因此只会在你给自己的刺激中得到放松，跟伴侣一起反而会感觉不适。另外，在自慰中习惯性地把阴茎握得太紧，也有可能会导致阴茎敏感度降低。

（4）可能会导致强迫行为

任何类型的成瘾都可能会导致失控，自慰也是如此。这就好比适度饮酒是有益的，但贪杯总是不好的。从长远来看，自慰成瘾还有可能导致强迫性自慰（比如自慰的想法强迫性地出现，挥之不去；自慰过度，不能自拔等）、失控的性行为以及不当色情的使用等。如果有这种情况出现，就应寻求医疗手段和心理治疗的帮助。

04 | 伴侣自慰，我该怎么办？

回到最开始的问题：伴侣自慰，究竟是不是对我不满意？

我们必须意识到，大部分人都会自慰。如果你对自己的性关系和性生活感到满意，且伴侣并没有因自慰损害健康，那么这其实并不是什么大问题，可能还会对你们的关系起到促进作用。

但是，顺畅的沟通很重要。如果伴侣自慰会让你感到不舒服，那么你需要把自己的感受表达出来，而不是怀疑自己的性吸引力或性技巧。

比如，你们可以就以下问题展开一次坦诚而温柔的对话：

关于自慰，你的家庭、朋友和所处社会都是怎么看的？

你对关系中的自慰行为有什么看法？

你自慰的频率是多少，自慰的地点、时间、原因和目的是什么？

你觉得自慰与伴侣之间的性行为有什么异同？

自慰会增加或减少你对和伴侣之间性行为的兴趣吗？

你和你的伴侣能做些什么来提高双方的性满意度？

总的来说，伴侣之间需要就自慰这个问题达成一致，找到双方都满意的一种方式。想做到这一点，就需要开诚布公地进行讨论。但是也要注意，谈论自慰、性刺激和性幻想会让人产生自我暴露的脆弱感，所以这可能是非常具有挑战性的对话。但如果你们坚持沟通，并处理得很好，整体关系也可能会因此变得更好。因为对一段关系而言，接纳和理解可能比具体行为更加重要。

PART 4

好好再见：分手的课题

相爱和分手的原因，其实是同一个

—

伴侣扮演的三种角色

玛丽娜·阿布拉莫维奇和乌雷是国际著名的行为艺术家。年轻时因艺术而相遇的他们，刚相遇时就发现了彼此之间诸多巧合般的共同点：除了同样的艺术爱好，相似的性格，两人甚至连生日都是同一天……然后，他们相爱了。为了和乌雷在一起，玛丽娜宁愿私奔。一路走来，这两位行为艺术家在12年里通过爱的践行，诠释了艺术与生活融合的最高境界。然而，由于在要不要孩子这个问题上产生了分歧，他们终究还是迎来了分手的结局。

乌雷想和玛丽娜有个孩子，而玛丽娜则坚定地否决。她说："我曾是，也将一直是一位艺术家，这是不会改变的。生孩子只会影响我的前途。"在这一点上，玛丽娜想得很清楚，哪怕是面对自己最爱的男人，她也一步都不退让。在这样的拉扯之中，他们的感情慢慢淡了，生活中更是摩擦频频。于是他们来到了中国长城的两端，沿着长城，相向而行，约定彼此一旦相遇，便是分别之时。这一场长达三个月的分手仪式就是著名的行为艺术作品《情人·长城》(*the Lovers*)。

这也是他们用彼此的爱,也为了彼此的爱,献给这个世界的艺术礼赞。

01 | 那么相爱,为何走不下去?

大多数恋人在牵手之初都爱得轰轰烈烈,对未来充满了美好憧憬,但真正能够做到执子之手、与子偕老的能有多少?

玛丽娜和乌雷直到在长城上分手的那一刻,对彼此的感觉也许都没有消散,只是没办法再继续下去了。是因为当初爱错了人吗?可是他们那么契合。是因为彼此还不够相爱吗?但对一个人如此依赖和崇拜,若不是爱,那还能是什么?是他们在关系中做错了什么导致感情破裂?乌雷的要求没什么错,而玛丽娜的底线也真的不能退让。

2017年8月,来自加拿大多伦多大学、美国犹他州立大学的心理学家们在采访了 433 位恋爱中的男女后,发表了一份爱情调研报告。这份报告揭示了几个关于爱情的真相:

(1)什么样的原因,会让两个人继续保持恋爱关系?
①对两人关系的乐观态度。
②两人的亲密和互相依赖。

③在两人关系中做出了感情投资，也就是倾注了很多个
　人感情。

④放不下已经承诺的责任。

⑤恐惧分手后的不确定性和未知。

（2）又是什么样的原因，会成为分手的催化剂？

①感情上产生了距离感。

②彼此间说不清道不明的不兼容感，如无端的争吵。

③信任感缺失，另一半的不忠。

　　研究人员表示，很多人其实都考虑过是不是该和对方分手、我们是不是不合适等问题，但这类问题往往是无解的。

　　因此，出于对分手后未知状态的害怕、对当前生活的习惯性依赖，大多数人会选择保持原状。更耐人寻味的是，在所有具备上面提到的分手原因的人中，有将近一半（49%）的受访者表示自己虽然有明确的分手意愿，但还是犹豫不决、选择观望，成了典型的"分手拖延症患者"。

02 | "必须分手的危险信号"是什么？

　　上述报告中提及的分手原因虽然的确都偏负面，但如果

仔细看看就会发现，那些保持恋爱关系的原因也未必都是积极的。比如，有人已经明显感觉当下的关系让自己感觉不舒服了，却还是因为放不下自己过去对这段感情的投资而选择继续维持，不断拖延。那么，究竟怎样才能准确判断自己到底是要继续一份感情，还是让它暂告一个段落呢?

我们搜集了国外主流心理学网站今日心理学（Psychology Today）上由心理学博士和专栏作家总结的"必须分手的危险信号"，虽然每个心理学家的见解各有不同，但这里甄选了至少有三位作者同时提及的内容，可以作为一种参考。

如果你和对方的关系中出现了以下五个信号，那么请务必慎重考虑现在是不是该和对方分手了:

（1）你发现自己大部分快乐和幸福的来源，都不再是对方

如果和对方一起经历不再是做某些事时会感到快乐的前提条件，那说明:你一个人也足够快乐了，抑或是你现在想要的快乐是对方给不了的。

（2）你对未来的规划和憧憬里，没有对方的身影

又或者:当对方要求你和他一起做长期规划的时候，你感到恐惧和抗拒。

爱情说到底，是责任，是动力，是手拉手走过一生的勇气。若是在你对未来三到五年的设想里没有对方的身影，或是

当对方向你描述你们的共同未来时，你能明显地感到心里很焦躁不安，那么，是时候去寻找能激起你构建未来的新动力了。

（3）双方的地位严重失衡

主要体现在三个方面：

①对方不够尊重你：不认真听你说话，不照顾你的感受——而这正是两人沟通的基础。

②你在这段关系中的付出和收获不平衡：这不是指简单的"AA制"或是"他今天等我下班等了半小时，明天我也要等他半小时，扯平了"，而是说当你按照自己的标准评估这段感情，发现付出和收获不平衡的时候，你会觉得亏欠了对方，或是觉得自己对这段关系的付出没有回应，不管是哪种状态，对长久的关系都是无益的。

③掌控权不对等：从每天要做的事情，到每周的购物、娱乐和家务，再到每年一次的旅行或是结婚、买房的设想……你对自己想要掌控的方面，有足够的掌控权吗？当你做出让步的时候，心里舒服吗？如果不舒服，当你阐明无法让步的理由时，对方能理解吗？如果答案都是否定的，那么就可以考虑终结这段关系了。

（4）为了对方，你牺牲了自己的人生规划

这一点，也正是玛丽娜所谓的"乌雷触碰到的、我不能退让的底线"。为了另一个人做出太多的牺牲，并非是爱情伟大的体现，而是恶性关系的开始。

这种爱到可以牺牲自己、付出一切的境地，是失去自我的典型表现。好的爱情，应该是两人共同成长的养料，而盲目的崇拜只能是毒药。

（5）三观变得不再契合

三观问题长久以来都是热门话题，就连如何定义它，估计都能引来万字辩论。这里只想强调一点：三观和人品一样，路遥知马力，日久见人心。

举个再简单不过的例子，你和对方刚走到一起的时候，可能会发现你们之间有很多三观一致之处：在生活必需品上花钱毫不含糊；将来赡养老人时，绝对不会选择把爸妈托付给养老院；选择旅行地点的时候，都喜欢去人少的地方……乍一看，这样的三观很匹配，但是相处一段时间之后，你却发现彼此之间矛盾百出：你们对"必需品"的定义有所偏差；你想把爸妈接过来和自己一起住，而对方却坚持要给老人另外安排住处，请保姆伺候；小众景点很多，但你想去人文历史情怀深厚之地，一边旅游一边学习，他想去的则是风景秀丽的海边，只想放松休闲。

有这种变化很正常，因为没有人的三观是绝对一致的。但如果你们相处了一段时间之后，在许多细微之处都体现出了很多难以弥合的偏差，而且几乎是每天都能触发矛盾，那么这就是两人关系难以维系的高危信号。

在上面这些情况中，很难说出现了哪一条或哪几条就非要和对方分手，毕竟不同的人对爱的要求和定义是不同的。但若是这五条里，你觉得有三条以上都是符合的，那就很危险了。这种情况下主动选择分手，不是弱者的逃避，而是自爱的强韧。

的确，对方有改变的可能，你们也有复合的可能，但此时一味在不健康的关系中经受痛苦和伤害并非好事，况且你的忍受和维持原状的努力，也很难让对方产生改变的动力。

开头提到的玛丽娜和乌雷是以拥抱和笑容告别的，他们的脸上洋溢着的是畅达的笑容，因此这结束的一幕和他们刻骨铭心的恋爱史一样令人动容。但很多伴侣之间的分别，别说喜悦，就连礼貌和体面都难以做到。所以，及时察觉一段关系从相互滋养变成相爱相杀的信号，在适当的时候画上休止符，给自己和对方都留有余地，或许才是更好的选择。

做到这六件事，我们就复合

—

心理学如何看待"藕断丝连"

常常收到读者留言说：

分手之后还很想念前任，我可以去打听他的生活吗？
可以跟前任做朋友吗？

和初恋分开已经有两年了。最近重逢，发现我们对
彼此还有感觉，这种情况有复合的可能吗？

现实生活中，我们未必能将爱情修炼成正果，分离、思
念、重逢、释怀，有时候也是需要经历的。

01 | 分手后的五个危险想法

曾经深爱过的人，很难轻易放下一段感情。所以，分手之

后人们往往会纠结，还有可能萌发出以下念头：

（1）爱情消失了还有友情，我们是不是还能做朋友？

（2）分手后，他有没有过得比我好？

（3）好生气，我们会走到今天这一步都是他的错，为什么受伤的人却是我？他也要付出代价！

（4）不该提分手的，我明明对他还有感情啊！我这就去求他回来，哪怕是靠乞求。

（5）时隔三个月再见，我居然萌生了想和对方翻云覆雨的冲动……

发现了吗，这5个念头有个共同点，那就是藕断丝连。

美国社会学家莎拉·哈尔彭-米金（Sarah Halpern-Meekin）等人在对792个恋爱者、同居者进行问卷调查后发现：17到24岁的青少年和刚成年不久的人，是最难分清爱与性的边界，也是最容易因此受到伤害的群体。被调查者中，有53%的人至少和前任发生过一次性关系，这些人比其他人更容易与前任陷入分手、复合、再分手、再复合的关系。他们往往不容易从过往的关系中抽离出来，也难以和其他人建立一段新的感情。

但这并不是一种好的心理习惯。既然选择了分手，就要分干净、分彻底。就算你们之间还有未尽的缘分，还有谱写续集的可能，也需要给双方足够的时间和空间去反思、去成长、去改变。

在双方做出实质性的自我改变之前，任何拖泥带水的举动，都会模糊你们之间的边界，也会让你们的关系变得更纠缠、更痛苦。

那么，如果真有复合的可能，什么时候才算是比较好的时机呢？

02 | 分手后还想复合，我该怎么做？

美国加利福尼亚州立大学心理学教授南希·卡利什（Nancy Kalish）在调查1001人之后发现，在那些分开超过五年后又复合的伴侣中，有72%的人认为自己找前任复合是正确的——复合，意味着他们成功找回了当初分手时"失去的爱（lost love）"。几乎同比例（71%）的受访者表示，复合后重获的这段恋情，是他们这辈子经历过的所有关系中"最浓烈的浪漫（most intense romance）"。

也许你会产生疑问：为何卡利什教授特别选择了分手五年后才复合的情侣？教授认为，已经失败过的关系，必须经过当事人的沉淀和思考，才有成功复合的可能。而五年，在卡利什教授眼中，是沉淀和思考的合理时长。

因此，如果你今天才分手，以泪洗面一整夜，那么最好不要想试着明天就通过复合来为自己抚平伤痛，甚至祈祷之后能长久，不如给自己多一点时间，冷静下来好好想一想。

心理学家并没有给出一个建议的冷静时长。但如果有下面几种情况出现，就可以把和前任复合纳入考虑范畴：

（1）距离分手已经有很长一段时间，这段时间足以让你和对方都改变了至少一种生活和思维习惯，也让你们充分体验了没有对方的生活；

（2）之前不可调和的问题，现在有了解决的可能；

（3）你们有了一致的目标，至少对三到五年的中短期目标达成一致；

（4）没有对方的日子，你痛苦难熬，每天至少有一个瞬间，会想要与对方共同度过。

复合并非坏事，但我们一般不建议分手之后急着复合。因为复合应该是两个人各自经过一定时间的沉淀，变得更加成熟之后，做出的一种理性决定，而不单单是荷尔蒙的作用。毕竟，和前任复合，比从零开始更难。

03 │ 又见前任：与前任复合的六个步骤

在做出复合的决定并付诸行动之前，这里有六个由心理学家总结出的步骤可供参考。

（1）罗列出你在分手后的时间里对自己和前任关系的一切思考

这些思考可以是你在独处时的回想。比如，你们之前有哪些不和的地方，对方之前伤害到你的点如果现在还存在该怎么办。也可以是你在有了新的亲密关系后，对现任和前任的比较——有不少人都是在和新的对象相处了一段时间之后才意识到原来前任更适合自己。这些针对和前任关系的思索，都是很宝贵的。

同时，如果你和前任还有分手时造成的烂尾工程没收拾好，比如金钱纠纷、对双方家庭和其他亲友造成过影响或有过节等，记得先处理掉这些遗留问题，至少要想清楚处理方法，做好和对方沟通并达成共识的准备。

（2）总结这段时间自己主要的经历和最大的改变

这段时间你有了怎样的成长和改变，这些成长和改变对你们的关系会造成怎样的影响——这些都是需要考虑的问题。

（3）向对方表明复合的意愿，探明对方的心意

前文提到的几种复合信号是主观感知到的，你还需要确认对方是否也这么想。比如，对你来说已经足够改变一个人的时间，在对方看来也许并不是。又比如，你认为可以解决之前矛盾的方法，在对方看来可能并不可行。更重要的是，有时候对方可能没有和你复合的意愿，甚至可能已经不喜欢你了。若是

对方没有复合意愿，或至少没有考虑要复合，也请尊重。

（4）邀请对方共同完成第一步和第二步，坐下来讨论彼此罗列的"问题"和"改变"清单

（5）针对你们列出的每一个问题，结合彼此的改变，至少找出三个问题背后的原因和解决方法。此外也请记得，一对伴侣的长久结合不仅是两个人的事情，更是两个家庭，甚至是两个朋友圈的事情。你们都是独立的个体，都在乎自己的家人和好友，那么你们的家人、好友以及对你们自己产生影响的外部因素（比如，你们在结合前独自经历的过往，生活的环境以及这个环境的文化和社会背景），自然会对你们的关系产生影响，这些都是在复合时需要考虑的问题。

（6）对未来的三到五年做一个规划，并达成共识

虽然谈恋爱不一定要以结婚为前提，但如果你们考虑结婚的话，就要对未来的规划有所共识。这不是约好"我们五年内要凑够市中心地铁口公寓房的首付"就可以的。对于每个规划的目标你们都需要明确：为什么要定下这个目标？这个目标的存在和达成，对你们二人的意义一致吗？这个目标该如何达成？在达成路径上，你们有共识吗？万一出了问题，如何调整？只有成为彼此的"项目经理"，才能不漏掉那些滋养爱情所必不可少的硬件。

3

史上最催泪研究：戒掉前任，跟戒掉毒瘾一样痛

—

无痛分手可能吗？

　　每个走入亲密关系的人，无论在刚开始时感觉多甜蜜，很多时候还是无法避免分手这件事。美国斯坦福大学的社会学家迈克尔·罗森菲尔德（Michael Rosenfeld）于2009年发布的问卷调查数据显示，在被调查到的3000多人中，每100对新组成的伴侣，就有60对在两个月内走入分手结局。全球婚恋关系知名网站 Dating.com 更是在2020年发表最新用户数据：新冠疫情下的居家措施虽然的确让亲密关系中的人拥有了更多相处时间，但反而加剧了矛盾——2019年，该网站上恋人的分手率只有34%，2020年则飙升到了67%。

　　几乎每个人都在不同的生命阶段有过分手的体验，但是，有许多同病相怜的人不代表分手的疼痛不值得一提。相反，失恋的痛苦是人类最痛的经历之一，而如何走出失恋的痛苦，也是无数心理学家试图回答的问题。

01 | 分手究竟有多痛？

美国哥伦比亚大学的心理学家爱德华·史密斯（Edward Smith）曾将40个半年内刚分手的人请来实验室，让他们躺进一台核磁共振机，要求他们一边看前任的照片，一边在脑子里回想自己是怎么和前任分手的，对方说过什么伤人感情的话……结果显示，当人们在想起前任，想起分手和上一段感情的时候，大脑中的脑岛和前扣带回皮层会被激活，而这正是人们的身体感受到疼痛的表现。

此外，分手还会带来毒瘾一样的痛苦。美国罗格斯大学的人类学家海伦·费舍尔（Helen Fisher）研究发现，毒瘾发作时，人脑的腹侧被盖区、腹侧纹状体、伏隔核这三个部位会被激活，而当人们怀念旧情的时候，大脑中会出现同样的情况。吸毒的瞬间醉生梦死，毒瘾发作而不得时却是痛不欲生。我们都知道毒品有害，需要戒掉，正如我们也知道那个决绝离开我们、一心想分手的前任已经不会回心转意，需要朝前看，但有时就是做不到，因为那真的太痛了。

02 | 分手后做这两件事，会加剧你的痛苦

为了避免在分手后出现毒瘾发作一样的痛苦，建议在刚分手或者想起前任还会心如刀绞的时期，尽量避免以下两件事：

（1）通过微博、朋友圈、共同好友以及其他任何你能想到的渠道去摸索对方的近况

分手后放不下对方，本能地想关注对方是很正常的。但是，时时刻刻把前任放在心上只能让你更痛苦，更难摆脱负面情绪。这个时候关于对方的任何消息都会在你负面情绪的指导下得出负面的解读。比如，你可能会想：这才分手多少天，我还在这里痛苦不堪，他怎么能开开心心像是无事发生？所以切记别再过度关注对方了，这不是在放前任一马，而是在放自己好过。

（2）去从前经常约会的地方，做你们两个人经常一起做，而你一个人不太会去做的事情

以前在一起的时候，你路过这些地方，想起这些事情，都会感觉很甜蜜，这就是所谓的条件反射——因为这个地方、这件事情已经在你的心里和这个人捆绑在一起了。但分手之后，当时的甜蜜会瞬间反转，变成催泪弹。这个时候的你正处于疗伤初期，为了止痛，要尽可能远离这种危险地带。

03 | 如何治愈失恋的伤痛？

斯坦福大学心理学博士研究员劳伦·豪伊（Lauren Howe）发现，同样是经历分手，有些人从疼痛里振作起来的速度特别

快，有些人却久久无法释怀。这是为什么呢？

通过问卷调查和采访，劳伦发现，那些很难从上一段感情里走出来的人，都会在自己身上寻找分手的原因，并认为那是自己这辈子都很难改变的缺点。用这种自责的归因方式来看待分手，一方面会让我们怪罪自己，难以释怀，另一方面也会成为下一段爱情的阻碍，认为没有人会爱有缺点的自己。回头看，错的都是自己；往前看，更都是灰暗和阴霾——进退两难。

那么，面对分手，更好的归因方式是什么呢？以下是专家们概括出的答案：

（1）内外归因：相爱和分手都不是一个人的问题

自己的问题要承担责任，但如果是对方的锅，你也不用背。可以准备好纸笔，试着梳理以下问题：哪些自己的问题是有可能改变的？哪些对方的问题是你绝对不能接受的？哪些你做出的妥协是之后不会再让步的？哪些外部因素的处理方式是可以换个方法的？这个梳理的过程，能很好地帮你完成内外归因。

（2）不稳定归因：变化才是常态

人格心理学家已经证明了性格的可塑性，年龄的变化对性格的影响尤为明显。例如，在大五人格理论（Five-Factor Model）框架下，每个人的性格都可以由开放性、责任心、外倾性、宜人性和神经质水平这五个维度来描述和衡量。心理学家发现，随着年龄渐长、经历人情世故的增多，人们的开放性、神经质水平总体呈下降趋势，宜人性总体呈上升趋势，责任心会先增后减，外倾性则会从30岁开始慢慢降低。所以，如果有什么事情导致了你们的关系出现裂痕，你要相信：这在未来是可以改变的，因为你自己本身也会变化——过去的你不代表现在的你，更不代表未来的你。你一定可以在未来成为更好的自己，收获更好的爱情。

（3）特定归因：感情也需要就事论事

就事论事是特定归因的核心。比如说，因为数学考砸了而觉得自己学习不好，这就是普遍归因，觉得自己只是数学特别差，其他科目还行，这就是特定归因。

分手后常见的普遍归因有很多。比如，我和这个人相处会失败，换个人也还是一样；我不但处理不好爱情关系，也处理不好其他人际关系。抱持这种想法很容易造成对自己的全面否定，如果想更快地从分手泥潭中走出来，迎接更好的感情，不如多多练习特定归因。比如，我只是和前任这一个人合不来，这世上还有许多和我合拍的人；爱情问题有它的独特性，我在亲情、友情和职场上的人际关系还是处理得不错的。

哪怕感情开始之前双方都已千挑万选，但谁又能保证自己就能一辈子都爱一个人？有时候与其沉溺于分手的痛苦之中，执着不休，不如将痛苦化为养分，带着对曾经给过你珍贵记忆的人的感谢，勇敢地走向下一个路口，遇见更适合你的人。

如果有"忘情水"，你会喝吗？
—
如何从糟糕的记忆中走出来

01 | 故事的开始

凌晨三点，克莱刚从外面回来，有些醉醺醺的。

"我把你的车弄坏了，约尔。"

约尔是克莱的男朋友。一次聚会中，沉稳内向的约尔与率真大胆的克莱一见钟情，两人很快就坠入了爱河。

"你酒后驾车？真是悲哀……"等了克莱很久的约尔不动声色地说。

"我是有一点醉，但请别说我悲哀。"

"哦不，这就是悲哀！这太不负责任了，你可能撞死人，知道吗？"

"我没有撞死人，只是把车撞出了凹痕。你真像个老太太一样啰唆。"克莱很不耐烦。

"看看你像什么样？就是一个酒鬼！"约尔很生气。

"一个酒鬼？你是从上个世纪穿越过来的吗？我知道，你发火是因为我回来得很晚。你的小脑袋一定在尽力思考我是不是和别人上床了。"克莱不甘示弱。

"对，我猜你就是和别人上床了。"

听到这句话，醉醺醺的克莱突然清醒了。她起身夺门而去，再也没有回来……

那一年的情人节前夕，约尔特地买了礼物，打算正式和克莱道歉。他来到克莱工作的书店，面带微笑地朝着她走过去。

"我有什么可以帮助你的吗，先生？"克莱说。

约尔怀疑自己出现了幻听："你说什么？"

"如果你想要书就告诉我，先生，你看上去人还不错。"克莱不紧不慢地说，并和身边的另外一位男性亲热。

约尔完全蒙了。到底发生了什么，克莱是出轨了，还是失忆了？这个人真的是自己深爱的克莱吗？

他无法接受这个事实，在惊愕中回到家，很后悔自己当初没有早些去找克莱。不管她是真的不认识自己，还是装作不认识，一切好像都是自己的错。

后来约尔得知了真相，震惊不已。原来，克莱在那天争吵之后，就跑到一家忘情诊所，删除了所有关于约尔的记忆——她实在忍受不了这段糟糕的关系，想要彻底让约尔从自己的世界中消失，然后开启新的生活。

"克莱做事冲动，看吧，她一时兴起就想将你彻底忘记……"朋友对约尔说。

约尔不敢相信这是真的，他来到忘情诊所，想要找医生问个明白。然而，医生却告诉他，克莱觉得自己的生活很不快乐，她想要新的生活，他们只是提供了解决方案。

约尔陷入了极度痛苦之中，他无法理解克莱为什么要那样做，那是属于两个人珍贵的回忆啊。然而几天后，约尔再次来到忘情诊所，这次，他想要删除自己关于克莱的那部分记忆，因为他不想再一个人默默承受痛苦了。

就这样，约尔和克莱之间的爱情，似乎完全消失了……

02 | 你曾经想过要完全忘记一个人或一件事吗？

上面的情节出自电影《美丽心灵的永恒阳光》，是一部爱情科幻片，讲述了原本相爱的男主与女主在感情破裂后纷纷删除记忆的故事。

艺术来源于生活，很多人都可能有一段不堪回首的经历，在爱情中尤其如此。很多时候，我们甚至想完全忘记和那个人之间的过往，无论是甜蜜还是悲伤，只愿一切都未曾发生，好像这样就能从痛苦中抽身，不再伤心，开始更加美好的生活。

虽然这个世界上好像并不存在忘情水这种灵丹妙药，但心理学家们的确想出了很多办法，来帮助我们从糟糕的记忆中走出来。

（1）直接抑制痛苦记忆，避免想起伤心往事

刻意不去想糟糕的考试成绩、老师与父母的指责以及刚刚分手的前任，像这样主动抑制负面记忆，有意识地不让它们再次出现在脑海中，的确有"忘情水"的效果。心理学研究也表明，抑制痛苦记忆，人们真的会变得更加快乐。但是这种方法需要刻意地多加练习，通过整理房间、研究美食烧菜的方式转移注意力，或者开发能够让自己专注其中的兴趣，都是很好的途径。

（2）通过药物手段改变记忆

卡里姆·纳德（Karim Nader）、格伦·沙夫（Glenn Schafe）、约瑟夫·勒杜（Joseph LeDoux）等心理学家认为，当我们回忆过去时，记忆处于一种被激活的状态，会变得不稳定，具有可塑性。因此，的确可以通过药物等手段改变记忆。

最常见的是利用普萘洛尔（Propranolol）——一种肾上腺素能受体阻滞剂—— 对处于激活状态下的记忆进行干预，阻碍记忆后续的巩固，进而减弱这段记忆。这种手段可以有效地缓解蜘蛛恐惧症和创伤后应激障碍。例如，人们看到车祸时，可能会产生一段轻微的创伤记忆，如果在当事人回忆这段记忆的时

候让他服用普萘洛尔等药物，就会对这段记忆产生干扰，从而减少车祸带来的创伤反应，让人们变得没那么恐惧。但是这并没有完全擦除人们的记忆，而是降低了人们对那段记忆的情绪反应，使人们可以与记忆正常相处。

虽然通过药物削弱或消除原始记忆有着极大的应用前景，但这种方式却一直饱受来自伦理以及法律的争议。比如，那些预示着危险的记忆可以帮助人们学会躲避危险，而抹去受害者对犯罪者的记忆，也可能会妨碍执法，使犯罪者得不到应有的惩罚。

03 | 直面痛苦，可以拥抱幸福？

虽然很多时候大家都想逃避不好的记忆，但是，也有研究告诉我们，直面痛苦有时候是更好的选择，记忆语境化（Memory Contextualization）就是一种途径。这指的是把痛苦事件和它发生的具体情境联系起来，包括时间、地点、人物、事件等，形成一个整合的记忆，而不是碎片化的、高度概括性的记忆片段。

心理学家安克·埃勒斯（Anke Ehlers）和大卫·克拉克（David Clark）将痛苦的记忆形象地比喻为一个被匆忙塞进一堆东西的橱柜——内部空间混乱无序，不可能将橱柜门关上，里面的东西也会不时地掉出来。而我们要做的则是整理这个橱柜，把每样东西拿出来看看，然后把它们整齐地放到该放的位置。这样，橱柜门才可以被关上。

区别于主动抑制或者彻底删除，整理记忆是把那些痛苦的记忆分门别类地收好，让它们带着独特的意义，静静地待在脑海中的某个位置——这对于回忆过去、解释现在、预测将来，有着不可忽视的作用。而且，相比于连贯有序的痛苦记忆，碎片化的记忆更容易被激活，扰乱我们的正常生活。当我们直面并整理好痛苦之后，似乎就真的可以做到"翻篇"了。所以，不管是对于每天都可能遇到的小小烦心事，还是对于生离死别这些较大的人生挫折，你可以选择的不只是逃避，直面黑暗与痛苦，记录、整理、消化它们，也是一个好的选项。

美国著名心理学家詹姆斯·潘尼贝克（James Pennebaker）是"书写痛苦计划"的发起者之一，他倡导我们通过书写的方式减轻痛苦。潘尼贝克曾经做过一项实验，他把50位健康的大学生随机分成两组，让他们每天花30分钟左右的时间写日记。其中一组学生需要写与痛苦相关的经历，另一组则只需随便记录一些浮于表面的流水账——比如今天吃了什么、去了哪里、和谁一起做了什么，等等。连着写了四天之后，潘尼贝克表示研究暂告一段落。六周后，他把这50个大学生重新找回实验室，评估他们的健康状况，结果非常神奇：那组书写自己痛苦经历的学生，过去六周内看医生的次数比另一组学生低很多，而且医学测定他们的细胞免疫系统功能也比另一组学生强，也就是说，在生理层面上，他们也拥有了更为强健的免疫力。

此外，一项在医院进行的实验发现：那些把自己的痛苦写下来的病人，身体健康恢复程度达47%，比那些没有在写作中整理痛苦的病人高出了23%。在二战中被纳粹党摧残的犹太人中，书写痛苦的相关研究也得到了类似的结论：那些勇敢直面痛苦记忆并坦诚表达的大屠杀幸存者，身心健康状况相比那些对痛苦避而不谈的同胞们要好得多。

所以，当我们的"心灵橱柜"中塞满了杂乱的痛苦记忆时，可以选择把它们仔细地整理、书写下来。你要做的很简单，只需要选择一个舒适的时间，静下来回忆过往，把痛苦记录下来，再整理好事情发生的顺序即可。

无论你遇到了怎样痛苦的经历，都可以尝试这么写一写，记下当时的情景与感受，理好事件发展的过程。然后，就可以安心地把它们放在记忆的某个角落，需要的时候再去看一看。

很多时候，我们都会希望生命能够重来一次，像《美丽心灵的永恒阳光》中的男女主角一样，忘记过往的痛苦。然而，更现实的做法可能是把痛苦的回忆整理好，不再受它们的影响，拥有迎接幸福的能力。

5

被甩之后，三年不敢谈恋爱

—

如何走出自卑式单身？

很多主动选择单身的人，背后或许都有一段不堪回首的往事。比如，被冷暴力分手后不敢再踏入亲密关系，即使遇到喜欢的人也极度缺乏信心，根本不敢表白。这样的人正处于一种自卑式单身的状态——因为以往的糟糕经历而产生了强烈的自卑，最终不得不选择单身。

一项针对国内大学生的研究发现，把所有问题都归因于自己的人，更容易产生自卑心理。爱情中也是一样，把问题都归因于自己的人，更容易陷入自卑式单身，很难走出来。

实际上，无论是表白被拒，还是被冷暴力分手，都属于受到了社会拒绝（social rejection）[1]。而正是这种拒绝，会让人产生习得性自卑。

---

1 作为社会人，这种被他人或某一社会团体所排斥或拒绝而造成的归属需求和关系需求受到阻碍的现象和过程被称作社会拒绝。

01｜习得性自卑：被拒绝的痛苦就像身体受伤一样

美国积极心理学家马丁·塞利格曼（Martin Seligman）曾经做过一个著名的实验，他把一只狗放在笼子里，每当蜂鸣器响起时，就会给这只狗施加电击，狗痛得到处乱窜，却无法逃出笼子。令人震惊的是，在多次实验后，即使蜂鸣器响起时笼子已经打开了，狗却不会想着逃出去，而是直接躺在地上呻吟——这就是习得性无助。

而习得性自卑产生的过程与习得性无助很类似，首先，遭受拒绝会让人出现社会疼痛（Social Pain），即一种内心受伤的情绪感受。这种由于被他人拒绝而产生的疼痛感和身体上的疼痛（Physical Pain）十分类似，会激活相同的大脑区域——前扣带回皮层。心痛所引起的前扣带回皮层神经活动会让我们意识到某些行为是不可取的，因而之后若是遇到类似的情景，就会感到焦虑，甚至完全退缩。例如，表白被拒绝后我们会感到心痛，之后再遇到喜欢的人，也会不敢立刻表白。同理，分手后的心痛，也会让我们难以很快重新进入一段亲密关系。而这种亲密关系中的拒绝如果重复发生，就会极大地打击我们的自信心，让我们对自我价值产生怀疑。

在2020年的一项研究中，尼科琳·查洛特（Nicolyn Charlot）等心理学家根据对208位16到73岁单身异性恋人群长达六个月的跟踪调查，探究了他们表白遭拒或者被分手后对自我价值感的影响。结果发现，不断受到拒绝后，人们往往会表现出更低的择偶价值感（Mate Value），即越来越不相信自己能够吸引别人，也不相信自己值得被爱。其中，较男性更为敏感的女性在遭受拒绝后，更容易受到沉重的打击。另外，在这一过程中，他们的择偶标准也会不断下降，认为自己不配得到更好的。

被拒绝所带来的心理痛苦是真实存在的，和身体受到伤害一样，也需要时间来慢慢修复。恢复的时间因人而异，有的人可能一周后就脱离了负面情绪，有的人却可能多年都无法重新进入一段亲密关系。

但不管修复起来有多困难，心理学家们总有一些解决的办法。

02 | 如何走出自卑式单身，重建对爱的自信心？

（1）认知重评，从黑暗中看见曙光

认知重评（Cognitive Reappraisal）属于认知改变的一种，即改变我们对情绪事件及其意义的理解和认知，尝试以更加积极的方式来理解使我们产生厌恶、挫折、生气等消极情绪的事件，或将这些情绪性事件合理化。

已有的研究表明，基于认知重评的认知行为疗法，能够有效地缓解抑郁与焦虑，让人们摆脱一些负面性事件带来的痛苦。亲密关系中也是一样，表白被拒绝或者被分手都不一定是坏事情，关键是我们自己如何看待它们。

例如，有人讲述自己被冷暴力分手的经历，说对方始终态度冷淡，不接受自己的情感表达，最终只能被迫选择分手。但是想象一下，如果没分手，你会在这段关系中感到幸福快乐吗？显然不会。说不定，分手给我们带来的反而是很大的解脱。并且我们也可以通过这段糟糕的关系，识别一些不利于爱情的相处模式，比如冷暴力，同时进一步反思自己在这段关系中处于怎样的角色，是否表达过需求，以及这些需求是否合理等。

直面痛苦，认知重评，可以让我们在遭受拒绝后感到好受些，并且积累出进入一段新关系的能量。而走出过去，开始新的行动，不仅仅是自我得到修复的表现，也是提高自我效能感的途径。

（2）展开行动，从实践中收获信心

有一个TED演讲特别令人触动。演讲者是一位叫作蒋甲的美籍华人，小时候在众目睽睽之下被拒绝的经历给他的心中留下了永远的痛，他也因此惧怕失败，故步自封。然而，30岁的时候，他通过尝试100天主动寻求拒绝的社会实验，化解因为童年时被拒绝而留下的痛苦和羞耻体验，从而实现自我突破。

实验内容很简单，就是走出门，连续100天主动寻求他人的拒绝。这其实是一种行为疗法，原理就是通过放弃逃避行为并直面拒绝，不再恐惧和羞耻，拥抱未来的无限可能。然而真的做到不逃避是一件何其困难的事。蒋甲的第一次行动实验是向公司的一个保安借100美元。遭到拒绝后，他无法承受尴尬的氛围，说了句谢谢就跑开了。但是这段借钱经历被录了下来作为分析样本，蒋甲在事后鼓起勇气仔细回看后，发现对方并不凶恶，甚至在他逃跑时还问了一句"我为什么要借钱给你"。可是蒋甲因为害怕，既没有回答他的问题，也没有问他拒绝的原因，立刻就逃跑了。于是，在后面的行动中，他开始勇敢地询问对方拒绝的原因，并成功找到了替代方案，也一步步获得了在挫折中前进的勇气。

爱情中也是如此。当我们表白被拒后，为了避免尴尬，第一反应可能就是逃跑。但这样做往往会让我们失去了解真实原因的机会。有时候，问题并不是因为你不够好，而是对方认为你们不合适，或者暂时没有恋爱打算，甚至还可能觉得自己配不上你。分手时也是如此，当两个人坐下来通过沟通梳理原因时，更有利于帮助我们从痛苦中获得成长。

总而言之，遭受拒绝之后通过行动再次尝试，能够让我们重燃自信，而其中的关键就是询问背后的原因。

5

精神出轨 vs. 肉体出轨
—
两性间嫉妒的奥秘

《心理学大辞典》将嫉妒定义为和别人比较后，发现自己在才华、名利、权威等方面都不如别人时，产生的羞耻、愤恨、埋怨等复合情绪的外在表现。在生活中，嫉妒是一种复杂却普遍的心理反应。恋爱时的嫉妒情感多半是因为吃醋，这是在意对方的表现，但有时却会导致嫌隙。下面我们就展开来聊聊两性之间的嫉妒。

01 | 话题一：情感嫉妒与性嫉妒

前面提到过，根据进化心理学，男性择偶时一般倾向于选择具有优生优育能力、高繁衍价值的女性，女性则更愿意寻找具有丰富社会资源的男性。简而言之，就是男性需要繁衍，女性需要资源。所以我们通常认为：相对于女性，男性对于性不忠更在意，即接受不了肉体出轨；而相对于男性，女性对于情感不忠的嫉妒更为强烈，即接受不了精神出轨。

除了性别差异之外，情感嫉妒和性嫉妒还会受到其他因素的影响。克罗地亚的三位心理学家曾做过一项调查，研究者们收集了2970份有效的问卷调查报告，其中2655人为异性恋，182人为双性恋，133人为同性恋。他们的年龄在16岁到62岁之间，平均年龄为27.8岁。个人资料之外，问卷还调查了参与者理想伴侣的特征，以及可能引发情感或性嫉妒的假设情境。结果表明，女性更看重良好的经济前景、良好的社会地位和相互吸引的爱情，男性更看重贞操和美貌。无论男女，年龄越大、受教育程度和收入水平越高，就更容易因为精神出轨而嫉妒，而年轻人则更容易因为肉体出轨而嫉妒。

另外，研究者们还调查了生育情况对嫉妒的影响。他们招募了100名女性和99名男性——其中有104人没有小孩，95人已经育有小孩——评估他们对于伴侣不同形式的精神或肉体出轨的反应程度。结果表明，对于没生过孩子的人来说，女性情感嫉妒方面表现得更强烈，男性在性嫉妒方面表现得更强烈，生过孩子的男女则没有差异。

这说明，大家广泛认为的性嫉妒和情感嫉妒的性别差异，其实只存在于还未生育的年轻人中。对于年纪大的、有了孩子甚至孙子的男性来说，肉体出轨所带来的"后代不是自己亲骨肉"的担心就减少了，哪怕不是自己的孩子，也已经有继承血脉的人了，于是嫉妒也就没那么强烈了。

02 | 话题二：男人为何对肉体出轨的嫉妒心更强？

相对于女性，男性整体上对于肉体出轨表现出了更高的嫉妒程度。为什么会这样呢？美国和尼日利亚的六位心理学家通过实验进行了一番调查。

过往的研究发现，引起男性嫉妒的诱因主要有三种：想追的女生已经是别人的女朋友了，已经分手的女朋友和别的异性在一起了，自己是性伴侣关系中的第三者。约翰·E.埃德伦德（John E. Edlund）等研究者基于这一结论，在实验中设置了几种情境，让参与者进行想象：（1）非浪漫嫉妒情境：大一假期回老家，你发现自己高中最好的朋友有了一个新朋友，他们一直在一起玩；（2）失去成为父亲的机会的情境：你渴望但尚未与某人发生性关系，然而这个人已经和别人发生性关系了；（3）一般嫉妒情境：你曾经与之发生过关系且还有留恋的前任在分手时对你说你们再无可能，因为对方已经和别人发生性关系了；（4）亲子关系不确定情境：你的伴侣一直在出轨，并告诉你他和出轨对象是相爱的。

结果表明，不论年龄和地域，男性都会对丧失成为父亲的机会的情境特别敏感，这造成了男性整体上对于肉体出轨表现出了更高的嫉妒程度。比如，想追的女生和别人在一起了，会有我不可能和她养育后代的感觉，从而产生强烈的嫉妒。

03 | 话题三： 恋母情结也会让男性更嫉妒？

奥地利著名心理学家西格蒙德·弗洛伊德（Sigmund Freud）曾提出过"恋母情结"的概念，认为男孩在三岁到五岁时会出现恋母妒父的情绪，潜意识中想取代父亲，独占母亲。

然而，不少心理学家并不认可这一说法，但以色列巴伊兰大学的心理学研究学者利莫尔·比顿-贝雷比（Limor Biton-Bereby）等人研究发现，当给有依恋焦虑的男性看一些表现恋母情结的图片时，这些男性会产生婴儿对母亲的那种依恋感。并有意识地将这种感觉归因于他们当前在生活中邂逅的女性，感受到更多性吸引力。

在这之后，马里奥·米库林（Mario Mikulincer）等三位研究者进一步研究了男性恋母情结被激活后，是否更容易在爱情中产生嫉妒行为，就像童年时恋母妒父那样。他们招募了一群以色列的男大学生，在激发了他们的恋母情结后，对其进行亲密关系体验量表中关于依恋焦虑程度的测试。结果发现，在潜意识中的恋母情结被激活的前提下，依恋焦虑得分较高的男性更倾向于找一个和母亲相似的伴侣，并且会表现出更强烈的恋爱嫉妒。另外，和之前的研究结果一致，他们也会更多地体验到对当前生活中邂逅的女性的性吸引力。而对于那些依恋焦虑得分较低的男性，他们既不会特别偏好那些与自己母亲相似的女性，也不会对女友产生很强的恋爱妒忌，亲密关系中体会到的性吸引力也没有那么强。这表明，那些有严重依恋焦虑的人，保持了婴儿期开始的对母亲的依恋，因此，一个很像母亲的女友往往会让他们觉得温暖和安全。

　　总之，这项研究说明依恋焦虑和恋母情结一直在悄悄影响着成年男性们。依恋焦虑仿佛是获得成熟和浪漫爱情的障碍，会使男性嫉妒水平很高，害怕伴侣不爱他、伤害他或抛弃他，需要伴侣提供更多的包容和关爱。

每次说分手，都想让你多爱我一点
—
科学解读"虐心恋爱"

你身边一定有这样的朋友，一进入恋爱关系，就像疯魔了一样，随时都要黏着对方，要确认自己在对方心目中是不是第一位，感觉哪里有一点不对，就会爆发。对方打球不接电话，生气；对方准备考试没时间约会，愤怒；跟别的朋友一起出去玩，发飙；纪念日忘了，分手！口头禅则是："××比我还重要吗？你是不是不爱我了？我们分手吧。"

你可能会很奇怪：他们不是彼此深爱吗，怎么会动不动说分手呢？这其实正是依恋焦虑的典型表现。

01 | "作"的背后，是深深的不安全感

依恋焦虑的人常常口是心非，动不动就生气闹分手，但这大多数时候都不是真心的，背后真正的想法是想看看对方是

不是真的在乎自己。如果说完分手对方道歉不诚恳、不主动挽回，他们就会自虐——哭到眼肿，不吃饭，不睡觉——让对方感觉非常对不起他，试图以此博得怜惜。

这一系列"作"的行为，在心理学上被称为愧疚诱导策略。其背后的逻辑是：在冲突中，A 会强调自己受到的伤害和委屈，以此诱发B的内疚感。B一旦内疚，便会做出一系列的道歉、安慰、关心的弥补行动。而这种内疚感越强，弥补行动越到位，A就越会感觉到被在乎，越有安全感。如果B没有任何内疚感，也不做出补救行为，甚至还狡辩，那A肯定会下这样一个结论——他不爱我。

心理学家巴塞洛缪（Bartholomew）提出，一个人的依恋模式主要由两个命题来决定：我值不值得被爱，即自我价值认同；别人值不值得信任，即他人价值认同。这两个问题的答案，决定了你是哪种依恋类型。

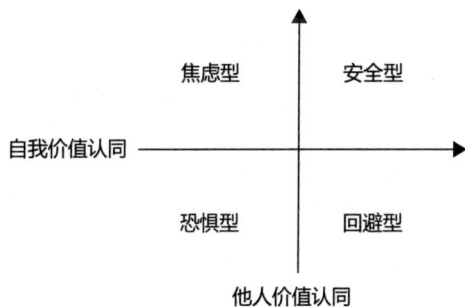

▲ 自我价值认同和他人价值认同影响下的依恋类型

依恋焦虑者，往往是自我价值认同出现了问题。过往遭到情感忽略的经历会让他们感觉自己不值得被爱，因此很害怕被抛弃。他们的自我价值感很低，因此会一遍遍地问对方"你爱我吗"，甚至通过愧疚诱导来获得一种被在乎的满足感。一旦这种需求没有得到满足，他们就会陷入到极度的不安全感中，感觉自己随时可能被抛弃，觉得自己注定没人爱。而有数据显示，依恋焦虑者中女性的比例大于男性，这可能也是我们感觉女孩子更容易使用愧疚诱导的原因。

有朋友可能会问：有时候确实是对方做错了啊，难道让人道歉就是愧疚诱导吗？但需要注意的是，大部分人"作"的目的往往不是真的认为对方错了，想纠正错误，而仅仅是为了情感满足。并且有些表面强势的人，也可能有依恋焦虑。例如，他们可能会强势闹分手，观察对方会怎么做，以此判断对方是不是真的在乎自己，满足自己的安全感。

02 | 是什么导致了不安全感？

心理学家约翰·鲍尔比（John Bowlby）发现，除了遗传因素之外，早年的亲子互动也会影响依恋模式。

一位朋友曾有这样的经历：小时候，她的爸爸总是很忙，没什么时间关心她。但是当她表现得很无助，需要帮忙时，便会得到爸爸的关注。另一位朋友则是发现自己大发脾气，甚至拒绝吃饭的时候，才会得到家人的关注。久而久之，他们也就习惯了通过过度激活自己的情绪来获得他人的情感关注，并因此形成了焦虑型依恋。

这些人表面上似乎都带着刺，常常指责别人不够好，内心却有一种极度的不安全感：怕自己不够好，怕对方不够爱自己。

03 | 作为依恋焦虑者的伴侣，你能做什么？

在感情中，你可能常常感到愧疚，甚至开始怀疑自己是不是真的做得不够好，甚至不用对方要求，都会逼自己更包容、更体贴……直到有一天，你终于感到疲惫不已——因为一个长期在感情中感到愧疚的人会消耗很大的能量，感情满意度也会日渐下降。

一项维持一年的追踪研究发现，缓解伴侣依恋焦虑的方法绝对不是一味地哄和妥协，而是帮助对方提升自我价值感。以下是一些参考建议。

（1）多表达肯定和欣赏

帮助对方建立自信，是一项需要在长期陪伴中进行的工作。我们不仅需要在对方情绪爆发的时候接纳对方，还要在日常生活中多夸赞、多肯定，让对方感觉自己是一个被欣赏的人，并且意识到自己值得被爱。所以，在对方问"你还爱我吗"之前多说几遍"我爱你"，也是一个值得尝试的方法。

（2）分辨关系的本质

如果你长期感到愧疚，觉得自己给对方的爱不够，那你就需要分辨，哪些时候是自己做得不够好，哪些时候是对方在寻求安全感。每次对方生气时，你除了道歉、迁就，也要关注自己的感受，你是不是已经付出了很多却没有被肯定，是不是有被误解的地方。只有在分辨清楚自己感受的基础上，才有可能帮助对方意识到问题所在。

（3）真实表达自己的感受

如果你并没有做错，而是被误解了，那就需要真实表达自己的感受，而不是让情绪积累，以致有一天崩溃。刚开始表达感受时，你可能会遭到对方的拒绝，或者给对方带来很大压力。但是从长期来看，这可以帮助对方思考自己的行为模式，并有机会做出改变。

04 | 解决"作"的不是别人的爱，而是自信

如果你发现自己就是一个依恋焦虑者，那么你需要知道，光

靠别人的爱是不能解决问题的，根治的方法是让自己自信起来。

（1）试着问问自己，当你在想"他到底还爱不爱我"的时候，你到底在怕什么

你可以思考一下，你的不安全感究竟是因为对方真的不够爱你，还是你对自己不够有信心？明白症结所在，是做出改变的第一步。其实你身边有很多爱你的人，他们也常常给你很多关心，但是自卑常常让你感觉不到这些爱。所以只有你自己真的自信起来时，才能够感受到对方的爱。

（2）锻炼自己独处的能力

锻炼自己独处的能力，也给对方留一些空间。你可以跟朋友逛逛街，或者出门旅行，其间不要联系对方。如果你每天都必须联系对方才能安心，那么你可以尝试减少频率。在尝试的过程中，你会发现，很多情绪自己其实就可以解决，不需要依靠对方的道歉来安抚。对方并非解决你情绪问题的途径，你自己才是。最好的爱情状态，是你们在一起时很幸福，各自独处时也很享受，被爱的时候很甜蜜，自爱的时候也很幸福。

（3）学会自己做决定，培养掌控感

很多时候不安全感来自掌控感的缺失，你总是害怕失去很多东西。然而，掌控感不一定要在爱情中培养，你可以从

一些小事做起，不要考虑对方，自己决定周末干什么，穿什么衣服，去哪里旅行……更重要的是，你需要学会掌控自己的情绪。当你感觉对方不够在乎你，想要发飙的时候，先试着冷静一下，通过其他健康的方式宣泄。例如写下来，等到情绪稳定之后再和对方沟通也不迟。

总有一天，当你问"你爱我吗"的时候，内心并不是恐惧，而是甜蜜，因为你知道对方一定会回答："是的，我很爱你。"要相信，所有美好的东西，你都值得拥有。

参考文献

PART 1
走近爱情：性别的差异

1. 茫茫人海中，为什么你一直找不到另一半？| 男女单身原因研究

[1] Apostolou,M.,O.J.& Esposito,G.(2020).Singles'reasons for being single: Empirical evidence from an evolutionary perspective.Frontiers in Psychology,11,746.

[2] Ochnik,D.& Slonim,G.(2020).Satisfaction with singlehood in never-married singles:The role of gender and culture. The Open Psychology Journal,13(1).

[3] Adamczyk,K.(2018).Direct and indirect effects of relationship status through unmet need to belong and fear of being single on young adults' romantic loneliness.Personality and Individual Differences,124-129.

2. 只要女生在场，男生就会产生奇妙变化 | 性别助长效应

[1] 李朝旭&莫雷.(2004).对性别助长假设的初步验证:在场观众的性别影响作业效绩吗? 心理科学，27(6),1400-1403.

[2] Iredale,W.,Van Vugt, M., & Dunbar,R.(2008).Showing off in humans:Male generosity as a mating signal. Evolutionary Psychology, 6(3).https://doi.org/10.1177/147470490800600302.

[3] Van Vugt, M.& Iredale, W.(2013).Men behaving nicely: Public goods as peacock tails. British Journal of Psychology, 104(1), 3-13.

[4] Barclay,P.(2010).Altruism as a courtship display:Some effects of third‐party generosity on audience perceptions. *British Journal of Psychology*,101(1),123-135.

[5] Grant,T.& Dajee,K.(2003).Types of task,types of audience,types of actor:Interactions between mere presence and personality type in a simple mathematical task. *Personality and Individual Differences*,35(3),633-639.

[6] 金盛华& 张杰.(1995).当代社会心理学导论.北京师范大学出版社.

[7] Schwarz,S.& Hassebrauck,M.(2008).Self-perce eived and observed variations in women's attractiveness throughout the menstrual cycle:A diary study. *Evolution and Human Behavior*,29, 282-288.

3. 父母离异的人适合结婚吗？| 破碎的原生家庭没那么可怕

[1] Hughes Jr.,R.(1995).The effects of divorce on children.

[2] Hetherington,E.M.& Stanley-Hagan,M.(2002).Parenting in divorced and remarried families.

[3] Amato,P.R.(2001).Children of divorce in the 1990s:An update of the Amato and Keith(1991) meta-analysis.*Journal of Family Psychology*, 15(3),355.

[4] Amato,P.R.,Loomis,L.S.& Booth,A.(1995).Parental divorce,marital conflict,and offspring well-being during early adulthood.*Social Forces*, 73(3),895-915.

[5] Lansford,J.E.,Ceballo,R.,Abbey,A.& Stewart,A.J.(2001).Does family structure matter? A comparison of adoptive,two-parent biological, single-mother,stepfather,and stepmother households. *Journal of Marriage and Family*,63(3),840-851.

[6] Childress,C.(2014).Therapy:Cross-generational parent-child coalition.

Retrieved 22 August,2020,from https://drcraigchildressblog. com/2014/07/08/therapy-cross-generational-parent-child-coalition/.

[7] Growing up too quickly: Parentified children. (n. d.). Retrieved 22 August,2020,from https://theawarenesscentre. com/parentification/.

[8] Cicchetti,D. ,Toth, S. L. & Lynch,M. (1995). Bowlby's dream comes full circle. Advances in Cinical Child Psychology,1-75.

4. 情侣间的爱情观不一致怎么办？｜关于爱情观的调查研究

[1] 卓纹君. (2004). 台湾人爱情风格之分析研究. 中华辅导学报,16(9),71-117.

[2] 颜欣怡 & 卓纹君. (2013). 大学生情侣之恋爱风格，沟通姿态，关系满意度及关系承诺之探讨——对偶分析研究. 中华心理卫生学刊, 26(3)，443-485.

[3] 杨洋. (2012). 相似还是互补?——情侣的人格与爱情观匹配.第十五届全国心理学学术会议论文摘要集.

[4] Hahn,J. & Blass,T. (1997). Dating partner preferences:A function of similarity of love styles. Journal of Social Behavior and Personality, 12(3),595.

[5] Gunther,R. (2021). Do mismatched relationships work? Psychology Today. Retrieved 22 May 2021,from https://www.psychologytoday.com/intl/blog/ rediscovering-love/202103/do-mismatched-relationships-work.

5. 满大街都是"颜控"，普通人如何获得爱情?｜"美即是好"的心理学效应

[1] Little,A.C. ,Jones,B.C. & DeBruine,L.M. (2011). Facial attractiveness: evolutionary based research. Philosophical Transactions of the Royal Society B: Biological Sciences, 366(1571),1638-1659.

[2] Dion,K. ,Berscheid,E. & Walster,E. (1972). What is beautiful is good.

Journal of Personality and Social Psychology,24(3),285-305.

[3] Sofer,C.,Dotsch,R.,Wigboldus,D.H. & Todorov,A. (2015).What is typical is good: The influence of face typicality on perceived trustworthiness. Psychological Science,26(1),39-47.

[4] Lee,L.,Loewenstein,G.,Ariely,D.,Hong,J. & Young,J. (2008).If I'm not hot, are you hot or not? Physical-attractiveness evaluations and dating preferences as a function of one's own attractiveness.Psychological Science,19(7),669-677.

[5] 尹振宇 & 刘冠军. (2019). 美貌能带来美满的婚姻吗——长相和身材对青年人群婚姻满意度的影响.中国青年研究,9.

[6] Tran,S.,Simpson,J.A. & Fletcher,G.J. (2008).The role of ideal standards in relationship initiation processes. Handbook of Relationship Initiation, 487-498.

[7] 王雨晴,姚鹏飞,周国梅. (2015).面孔吸引力、人格标签对于男女择偶偏好的影响.心理学报,47(1),108-118.

6. 恋爱，结婚，生子，变老……男人都比女人更幸福？｜"男性规范"是怎么一回事

[1] Stronge,S.,Overall,N.C. & Sibley,C.G. (2019).Gender differences in the associations between relationship status, social support,and wellbeing. Journal of Family Psychology,33(7),819.

[2] Nelson-Coffey,S.K.,Killingsworth,M.,Layous,K.,Cole,S.W. & Lyubomirsky,S. (2019).Parenthood is associated with greater well-being for fathers than mothers.Personality and Social Psychology Bulletin,45(9),1378-1390.

[3] Monin,J.,Manigault,A.,Levy,B.,Schulz,R.,Duker,A. & Clark,M. et al. (2019).Gender differences in short-term cardiovascular effects of giving and receiving support for health concerns in marriage.Health

Psychology,38(10),936–947. https://doi.org/10.1037/hea0000777.

7. 男女之间的九种不同，和成千上万种相同|有关性别的心理学研究

[1] Who cheats more? the demographics of infidelity in America. Institute for Family Studies. (n. d.).Retrieved 22 February,2022,from https://ifstudies.org/blog/who-cheats-more-the-demographics-of-cheating-in-america.

[2] Andrews,P.W.,Gangestad,S.W.,Miller,G.F.,Haselton,M.G.,Thornhill,R.& Neale,M.C. (2008).Sex differences in detecting sexual infidelity. Human Nature,19(4),347.

[3] Buss,D.M.& Haselton,M. (2005).The evolution of jealousy. Trends in Cognitive Sciences,9(11),506–507.

[4] Nelson-Coffey,S.K.,Killingsworth,M.,Layous,K.,Cole,S.W.& Lyubomirsky,S. (2019).Parenthood is associated with greater well-being for fathers than mothers. Personality and Social Psychology Bulletin,45(9),1378–1390.

[5] 黄显龙.(2018).婚姻满意度相关因素分析.天津财经大学硕士学位论文.

[6] Wheeler,L.,Reis,H.& Nezlek,J.B. (1983).Loneliness, social interaction, and sex roles. Journal of Personality and social Psychology,45(4),943.

[7] Chipperfield,J.G.& Havens,B. (2001).Gender differences in the relationship between marital status transitions and life satisfaction in later life. The Journals of Gerontology Series B: Psychological Sciences and Social Sciences,56(3),176–186.

[8] Helsing,K.J.,Szklo,M.& Comstock,G.W. (1981).Factors associated with mortality after widowhood. American Journal of Public Health,71,802–809.

[9] Jauk,E.,Neubauer,A.C.,Mairunteregger,T.,Pemp,S.,Sieber,K.P.& Rauthmann,

J. F. (2016). How alluring are dark personalities? The dark triad and attractiveness in speed dating. European Journal of Personality, 30(2), 125-138.

[10] Wood, W. & Eagly, A. H. (2002). A cross-cultural analysis of the behavior of women and men: Implications for the origins of sex differences. Psychological Bulletin, 128, 699-727.

[11] Grijalva, E., Newman, D. A., Tay, L., Donnellan, M. B., Harms, P. D., Robins, R. W. & Yan, T. (2015). Gender differences in narcissism: A meta-analytic review. Psychological bulletin, 141(2), 261.

[12] Bennett, M. (1996). Men's and women's self-estimates of intelligence. The Journal of social psychology, 136(3), 411-412.

[13] Dabbs Jr., J. M., Chang, E. L., Strong, R. A. & Milun, R. (1998). Spatial ability, navigation strategy, and geographic knowledge among men and women. Evolution and Human Behavior, 19(2), 89-98.

[14] Albert, P. R. (2015). Why is depression more prevalent in women? Journal of Psychiatry & Neuroscience, 40(4), 219.

[15] Nishizawa, S., Benkelfat, C., Young, S. N., Leyton, M., Mzengeza, S. D., De Montigny, C. & Diksic, M. et al. (1997). Differences between males and females in rates of serotonin synthesis in human brain. Proceedings of the National Academy of Sciences, 94(10), 5308-5313.

[16] Wurtman, J. J. (2019). Gender Differences in Brain Serotonin Activity: Is there a connection to emotional overeating? Psychology Today. Retrieved 7 May 2021, from https://www.psychologytoday.com/us/blog/the-antidepressant-diet/201908/gender-differences-in-brain-serotonin-activity.

[17] Barstead, M. G., Bouchard, L. C. & Shih, J. H. (2013). Understanding gender differences in co-rumination and confidant choice in young adults. Journal of Social and Clinical Psychology, 32(7), 791-808.

[18] Rose, A. J., Carlson, W. & Waller, E. M. (2007). Prospective associations of co-

rumination with friendship and emotional adjustment: considering the socioemotional trade-offs of co-rumination. Developmental Psychology, 43(4),1019.

[19] Battle of the sexes:8 facts about men and women that will surprise you. (2016).CBC.Retrieved 7 May 2021,from https://www.cbc.ca/life/wellness/battle-of-the-sexes-8-facts-about-men-and-women-that-will-surprise-you-1.3831594.

[20] American Sociological Association.(2015).Women more likely than men to initiate divorces, but not non-marital break-ups. ScienceDaily.Retrieved 7 May 2021,from https://www.sciencedaily.com/releases/2015/08/150822154900.htm.

[21] Hyde,J.S.(2005).The Gender Similarities Hypothesis. American Psychologist,60,6.

PART 2
告别单身：表白的技巧

1. 友情以上，恋人未满 │ 六大友情技能和爱情三角理论

[1] Davis,K.E.& Todd,M.J.(1982).Friendship and love relationships. Advances in Descriptive Psychology.

[2] Sternberg,R.J.(1986).A triangular theory of love. Psychological Review, 93(2),119.

[3] Difference between love and friendship.(n.d.).Retrieved 22 May 2021, from http://www.differencebetween.net/miscellaneous/difference-between-love-and-friendship/.

[4] DiDonato,T.E.(2015).How can you tell when you should just be friends? Psychology Today. Retrieved 22 May 2021,from https://www.

psychologytoday. com/us/blog/meet-catch-and-keep/201501/how-can-you-tell-when-you-should-just-be-friends.

[5] DiDonato,T.E. (2016).How to turn friendship into love. Psychology Today. Retrieved 22 May 2021,from https://www.psychologytoday.com/intl/blog/meet-catch-and-keep/201608/how-turn-friendship-love.

[6] Meanley,E. (2010).8 ways to transform a friendship into something more. Retrieved 22 May 2021, from https://www.glamour.com/story/8-ways-to-transform-a-friendsh.

[7] Gaudette,E. (2020).How To let your crush know you have feelings. Retrieved 22 May 2021, from https://www.mindbodygreen.com/0-15237/how-to-let-your-crush-know-you-have-feelings.html.

[8] How to differentiate between love and friendship? Wiki How. (n.d.). Retrieved 22 May 2021,from https://www.wikihow.com/Distinguish-Between-a-Friend-and-a-Lover.

2. 越难被追到的人，就越会被珍惜吗？ | "欲擒故纵"的心理真相

[1] Jonason,P.K. & Li,N.P. (2013).Playing hard-to-get:Manipulating one's perceived availability as a mate. European Journal of Personality, 27(5),458-469.

[2] Josephs,L. ,Warach,B. ,Goldin,K.L. ,Jonason,P.K. ,Gorman,B.S. ,Masroor,S. & Lebron,N. (2019).Be yourself: Authenticity as a long-term mating strategy. Personality and Individual Differences,143,118-127.

3. 科学模拟相亲，最有钱、最漂亮的反而落单了？ | 爱情匹配假设

[1] Ariely,D. (2011,March).The upside of irrationality. In 2011 Aerospace

Conference（pp. 1-2）. IEEE.

[2] Zajonc, R. B. (1968). Attitudinal effects of mere exposure. Journal of Personality and Social Psychology, 9 (2p2), 1.

[3] 巴里·施瓦茨. (2013). 选择的悖论. 销售与市场（评论版）(10), 64.

[4] 朱天明 & 汪洋. (2010). 恋爱、婚姻中的信息不对称与博弈. 新财经（理论版）(12), 332-341.

4. 手把手教你表白 ｜ 关于表白时机的科学

[1] Ackerman, J. M. , Griskevicius, V. & Li, N. P. (2011). Let's get serious: Communicating commitment in romantic relationships. Journal of Personality and Social Psychology, 100 (6), 1079.

[2] Gonzaga, G. C. , Keltner, D. , Londahl, E. A. & Smith, M. D. (2001). Love and the commitment problem in romantic relations and friendship. Journal of Personality and Social Psychology, 81 (2), 247.

[3] W. Lewandowski Jr. , G. (2017). Why you should date your best friend. The Conversation. Retrieved 22 March 2022, from https://theconversation. com/why-you-should-date-your-best-friend-72784.

5. 约会该穿红色还是黑色？｜ 心理学家揭秘六大 "来电" 绝招

[1] Roberts, S. C. , Owen, R. C. & Havlicek, J. (2010). Distinguishing between perceiver and wearer effects in clothingcolor-associated attributions. Evolutionary Psychology, 8, 350-364.

[2] Elliot, A. J. & Niesta, D. (2008). Romantic red: red enhances men's attraction to women. Journal of Personality and Social Psychology, 95 (5), 1150.

[3] Ye, Y. , Zhuang, Y. , Smeets, M. A. M. & Zhou, W. (2019). Human chemosignals

modulate emotional perception of biological motion in a sex-specific
manner. Psychoneuroendocrinology,100,246-253.

[4] Zhou,W.,Yang,X.,Chen,K.,Cai,P.,He,S. & Jiang,Y. (2014).Chemosensory
communication of gender through two human steroids in a sexually
dimorphic manner.Current Biology,24(10),1091-1095.

[5] Nick.(2014).How To Use Light to Set a Romantic Mood. Retrieved 13 June
2021,from https://www.prolampsales.com/blogs/specialty-architectural-
lighting/how-to-use-light-to-set-a-romantic-mood.

[6] Cooper,S.3 steps to get a girlfriend if you're shy or insecure.
Retrieved 13 June 2021,from https://shynesssocialanxiety.com/
girlfriend-shy/.

[7] Aron,A.,Melinat,E.,Aron,E.N.,Vallone,R.D.& Bator,R.J. (1997).The
experimental generation of interpersonal closeness: A procedure and
some preliminary findings. Personality and Social Psychology Bulletin,
23(4),363-377.

[8] Cohen, M.T. (2017).Color and intimacy:Can color makeus more likely
to solicit intimate information? Psychology Today. Retrieved 13 June
2021,from https://www.psychologytoday.com/us/blog/finding-love-the-
scientific-take/201702/color-and-intimacy.

[9] Barrett,C. (2022).How to confess your love to someone.Wikihow. Retrieved
13 March 2022,from https://www.wikihow.com/Confess-Your-Love-to-
Someone.

[10] Ding,W.,Pandelaere,M.,Slabbinck,H.,& Sprott,D.E. (2020).Conspicuous
gifting:When and why women(do not)appreciate men's romantic luxury
gifts.Journal of Experimental Social Psychology,87.https://doi.
org/10.1016/j.jesp.2019.103945.

6. 女生最想收到的礼物竟然是······ | 情人节送礼，你需要明白的"人设"

[1] Ding,W. ,Pandelaere,M. ,Slabbinck,H. & Sprott,D. E. (2020). Conspicuous gifting:When and why women(do not)appreciate men's romantic luxury gifts. Journal of Experimental Social Psychology,87,103945.

[2] Luo,B. ,Fang,W. ,Shen,J. & Cong,X. F. (2019). Gift - image congruence and gift appreciation in romantic relationships: The roles of intimacy and relationship dependence. Journal of Business Research,103,142-152.

[3] Morse,K. A. & Neuberg,S. L. (2004). How do holidays influence relationship processes and outcomes? Examining the instigating and catalytic effects of Valentine's Day. Personal Relationships,11(4),509-527.

[4] Perry,L. M. ,Hoerger,M. ,Korotkin,B. D. ,Saks,S. J. ,& Duberstein,P. R. (2020). Self-complexity and socio-emotional adjustment to a romantic event in early adulthood. Journal of Social and Personal Relationships,37(4), 1268 - 1281. https://doi. org/10. 1177/0265407519893473

7. 七个心理学小技巧，让对方情不自禁爱上你 | 培养好感的科学指南

[1] Rashtian,H. ,Boshmaf,Y. ,Jaferian,P. & Beznosov,K. (2014). To befriend or not? a model of friend request acceptance on facebook. Symposium on Usable Privacy and Security(SOUPS),285-300.

[2] Chartrand,T. L. & Bargh,J. A. (1999). The chameleon effect:the perception-behavior link and social interaction. Journal of personality and social psychology,76(6),893.

[3] Crusco,A. H. & Wetzel,C. G. (1984). The Midas touch:The effects of interpersonal touch on restaurant tipping. Personality and Social Psychology Bulletin,10(4),512-517.

[4] Byrne,D. & Rhamey,R. (1965). Magnitude of positive and negative

reinforcements as a determinant of attraction. Journal of Personality and Social Psychology,2(6),884.

[5] Aronson,E.,Willerman,B.& Floyd,J. (1966).The effect of a pratfall on increasing interpersonal attractiveness. Psychonomic Science,4(6),227-228.

[6] Forsyth,D.R. (2009).Group Dynamics. Wadsworth Publishing.

[7] Lazarsfeld,P.F.& Merton,R.K. (1954).Friendship as a social process: A substantive and methodological analysis. Freedom and Control in Modern Society,18(1),18-66.

[8] Aron,A.,Melinat,E.,Aron,E.N.,Vallone,R.D.& Bator,R.J. (1997).The experimental generation of interpersonal closeness:A procedure and some preliminary findings. Personality and Social Psychology Bulletin, 23(4),363-377.

PART 3
爱情保鲜：相处的艺术

1. 自由恋爱比相亲结婚更容易后悔？ | 看看自我差异理论怎么说

[1] Jackson,E. (2012).The 25 biggest regrets in life:What are yours? Forbes. Retrieved 13 June 2021,from https://www.forbes.com/sites/ ericjackson/2012/10/18/the-25-biggest-regrets-in-life-what-are-yours/?sh=5e2b67836488.

[2] Ware,B. (2019).The top five regrets of the dying: A life transformed by the dearly departing. Hay House Australia.

[3] MacLellan,L. (2018).A new study on the psychology of persistent regrets can teach you how to live now.Retrieved 13 June 2021,from https:// qz.com/work/1298110/a-new-study-on-the-psychology-of-persistent-

regrets-can-teach-you-how-to-live-now/.

[4] Roese,N.J.& Summerville,A. (2005).What we regret most.and why. Personality and Social Psychology Bulletin,31,1273-1285.

[5] Medvec V.H.,Madey S.F.& Gilovich,T. (1995).When less is more: counterfactual thinking and satisfaction among Olympic medalists. Journal of Personality and Social Psychology,69(4),603.

[6] Cooper,B.B. (2018).How to make better decisions and live without regret. Retrieved 14 June 2021,from https://foundr.com/articles/leadership/ make-better-decisions.

[7] Langeslag,S.J.& van Strien,J.W. (2016).Regulation of romantic love feelings:Preconceptions, strategies,and feasibility.PloS One,11(8).

2. 换个姿势接吻，就能拯救一段感情？ | 关于激情的心理学研究

[1] Whitbourne,S.K. (2012).What is the passion in passionate love? Psychology Today.Retrieved 13 July 2021,from https://www. psychologytoday.com/us/blog/fulfillment-any-age/201212/what-is-the-passion-in-passionate-love.

[2] Levoy,G. (2020).Frustration Attraction—How Separation Heightens Passion.Psychology Today.Retrieved 13 July 2021,from https://www. psychologytoday.com/us/blog/passion/202010/frustration-attraction-how-separation-heightens-passion.

[3] Muise,A.,Harasymchuk,C.,Day,L.C.,Bacev-Giles,C.,Gere,J.& Impett,E. A. (2019).Broadening your horizons:Self-expanding activities promote desire and satisfaction in established romantic relationships. Journal of personality and social psychology,116 (2),237.

[4] Cortes,K.,Britton,E.,Holmes,J.G.& Scholer,A.A. (2020).Our adventures make me feel secure:novel activities boost relationship satisfaction

through felt security. Journal of Experimental Social Psychology, 89.

[5] Tucker, P. & Aron, A. (1993). Passionate love and marital satisfaction at key transition points in the family life cycle. Journal of Social and Clinical Psychology, 12(2), 135-147.

3. 为什么感觉别人都比自己过得更幸福？｜深度解析"幸福"的误会

[1] Rosenberg, J. & Egbert, N. (2011). Online impression management: Personality traits and concerns for secondary goals as predictors of self-presentation tactics on Facebook. Journal of Computer-Mediated Communication, 17(1), 1-18.

[2] Gilovich, T., Savitsky, K. & Medvec, V. H. (1998). The illusion of transparency: biased assessments of others' ability to read one's emotional states. Journal of Personality and Social Psychology, 75(2), 332.

[3] Van de Ven, N., Zeelenberg, M. & Pieters, R. (2009). Leveling up and down: the experiences of benign and malicious envy. Emotion, 9(3), 419.

[4] Ogilvie, D. M. (1987). The undesired self: A neglected variable in personality research. Journal of Personality and Social Psychology, 52 (2), 379.

[5] Parrott, W. G. & Smith, R. H. (1993). Distinguishing the experiences ofenvy and jealousy. Journal of Personality and Social Psychology, 64, 906-920.

[6] Miller, R. B., Brickman, S. J. (2004). A Model of Future-Oriented Motivation and Self-Regulation. Educational Psychology Review, 16, 9-33.

[7] Dornyei, Z. & Ushioda, E. (2009). Motivation, language identity and the L2 self. Multilingual Matters.

4. 我都这么惨了，凭什么不能无理取闹？ │ 小心受害者心态作祟

[1] Zitek, E. M. , Jordan, A. H. , Monin, B. & Leach, F. R. (2010). Victim entitlement to behave selfishly. Journal of Personality and Social Psychology, 98(2), 245.

[2] Buss, D. M. (1991). Evolutionary personality psychology. Annual review of psychology, 42(1), 459-491.

[3] Forrest, L. (2008). The three faces of victim: An overview of the drama triangle. Retrieved 12 April 2009, from https://www. lynneforrest. com/ articles/2008/06/the-faces-of-victim/.

[4] Chaikin, A. L. & Darley, J. M. (1973). Victim or perpetrator: Defensive attribution of responsibility and the need for order and justice. Journal of Personality and Social Psychology, 25(2), 268.

5. 对不起，你真的不懂我！ │ "贴标签"会给爱情带来什么

[1] Snyder, M. & Haugen, J. A. (1995). Why does behavioral confirmation occur? A functional perspective on the role of the target. Personality and Social Psychology Bulletin, 21(9), 963-974.

[2] 侯玉波. (2007). 北京大学心理学教材·社会心理学 (第二版). 北京大学出版社.

[3] Moskowitz, G. B. (1993). Person organization with a memory set: are spontaneous trait inferences personality characterizations or behaviour labels? European Journal of Personality, 7(3), 195-208.

[4] Guadagno, R. E. & Burger, J. M. (2007). Self-concept clarity and responsiveness to false feedback. Social Influence, 2(3), 159-177.

[5] 岸见一郎 & 古贺史健, 著. 渠海霞, 译. (2015). 被讨厌的勇气: 自我启发之父阿德勒的哲学课. 机械工业出版社.

6. 我精心准备了礼物，对方却说我不懂她 | 爱的五种语言

[1] Nguyen, J. (2020). What are the 5 love languages? Everything you need to know. Retrieved 22 May 2021, from https://www. mindbodygreen. com/articles/the-5-love-languages-explained.

[2] Bunt, S. & Hazelwood, Z. J. (2017). Walking the walk, talking the talk: Love languages, self-regulation, and relationship satisfaction. Personal Relationships, 24(2), 280-290.

7. 40%的人表示，养猫后成了单身 | 关于"陌生情境测验"的研究

[1] Competing with your partner's pet. Pet Life Today. (2020). Retrieved 23 March 2022, from https://petlifetoday. com/competing-partners-pet/.

[2] 张茂杨,彭小凡,胡朝兵 & 张兴瑜. (2015). 宠物与人类的关系:心理学视角的探讨. 心理科学进展, 23(1), 142-149.

[3] 张火垠,张明明,丁瑞,李帅霞,罗文波. (2019). "养育脑"网络及其影响因素. 心理科学进展, 27(6), 1072-1084.

[4] Curb, L. A. , Abramson, C. I. , Grice, J. W. & Kennison, S. M. (2013). The relationship between personality match and pet satisfaction among dog owners. Anthrozoös, 26(3), 395-404.

[5] Kurdek, L. A. (2009). Pet dogs as attachment figures for adult owners. Journal of Family Psychology, 23(4), 439-446.

8. 吵架后的鱼水之欢，比平时更快乐？ | 心理学解读 "愤怒的性爱"

[1] Clay, Z. & de Waal, F. B. (2015). Sex and strife: post-conflict sexual contacts in bonobos. In Bonobo Cognition and Behaviour (pp. 67-88). Leiden: Brill.

[2] Birnbaum, G. E. , Svitelman, N. , Bar-Shalom, A. & Porat, O. (2008). The thin line between reality and imagination: Attachment orientations and the effects of relationship threats on sexual fantasies. Personality and Social Psychology Bulletin, 34(9), 1185-1199.

[3] Maxwell, J. A. & Meltzer, A. L. (2020). Kiss and makeup? Examining the co-occurrence of conflict and sex. Archives of Sexual Behavior, 49(8), 2883-2892.

[4] Joel, S. (2015). The truth about make-up sex. Psychology Today. Retrieved 23 March 2022, from https://www. psychologytoday. com/us/blog/dating-decisions/201506/the-truth-about-make-sex.

[5] Ben-Zeév, A. (2013). Why make-up sex and breakup sex are so good. Psychology Today. Retrieved 23 March 2022, from https://www. psychologytoday. com/us/blog/in-the-name-love/201302/why-make-sex-and-breakup-sex-are-so-good.

[6] Ludden, D. (2020). The psychology of makeup sex. Psychology Today. Retrieved 23 March 2022, from https://www. psychologytoday. com/us/blog/talking-apes/202012/the-psychology-makeup-sex.

9. 伴侣自慰, 是对我不满意吗? | 正经性科普

[1] 薛翠华, 巴巴拉·戴安娜 & 鲍玉珩. (2012). 新性学研究:正确对待自慰. 中国性科学, (10), 75-79.

[2] 阿尔弗雷德·C. 金赛著. 潘绥铭译. (2007). 金赛性学报告. 海南: 海南出版社, 129.

[3] Hurlbert, D. F. & Whittaker, K. E. (1991). The role of masturbation in marital and sexual satisfaction:A comparative study of female masturbators and nonmasturbators. Journal of Sex Education and Therapy, 17(4), 272-282.

[4] Levin, R. J. (2007). Sexual activity, health and well-being-the beneficial roles of coitus and masturbation. Sexual and relationship therapy,

22(1),135-148.

[5] Kanter,G.,Rogers,R.G.,Pauls,R.N.,Kammerer-Doak,D & Thakar,R. (2015). A strong pelvic floor is associated with higher rates of sexual activity in women with pelvic floor disorders. International Urogynecology Journal,26(7),991-996.

[6] Tuckman,A. (2018). Are sex and masturbation the same? Psychology Today. Retrieved 23 March 2022,from https://www.psychologytoday.com/us/blog/sex-matters/201809/are-sex-and-masturbation-the-same.

PART 4
好好再见：分手的课题

1. 相爱和分手的原因，其实是同一个 | 伴侣扮演的三种角色

[1] Joel,S.,MacDonald,G.,& Page-Gould,E. (2017). Wanting to stay and wanting to go:Unpacking the content and structure of relationship stay/leave decision processes. Social Psychological and Personality Science,9(6),631-644. https://doi.org/10.1177/1948550617722834.

[2] Racco,M. (2017). 5 signs you're falling out of love. Retrieved 23 March 2021,from https://nicolemccance.com/2017/07/07/5-signs-youre-falling-out-of-love/.

[3] Haigh,C. (2017). 8 signs it's time to end the relationship. Retrieved 23 March 2021,from https://www.lifehack.org/articles/communication/8-signs-its-time-end-the-relationship.html.

[4] Gunther,R. (2014). When it's time to let a relationship go. Psychology Today. Retrieved 23 March 2021,from https://www.psychologytoday.com/us/blog/rediscovering-love/201405/when-its-time-let-relationship-go.

[5] Rogers,K. (2016). How to know when it's time to end a relationship.

Retrieved 23 March 2021, from https://www.huffpost.com/entry/how-to-know-when-its-time-to-end-a-relationship_b_57e5e0b6e4b09f67131e42b6.

[6] 10 signs it's time to end your relationship. Power of Positivity. Retrieved 23 March 2021, from https://www.powerofpositivity.com/10-signs-its-time-to-end-your-relationship/.

2. 做到这六件事，我们就复合 │ 心理学如何看待"藕断丝连"

[1] 10 things you should never do after a break-up. (2012). Retrieved 23 July 2021, from https://www.eharmony.co.uk/dating-advice/break-up/gallery-10-things-you-should-never-do-after-a-break-up/.

[2] Halpern-Meekin, S. , Manning, W. D. , Giordano, P. C. & Longmore, M. A. (2013). Relationship churning in emerging adulthood: On/off relationships and sex with an ex. Journal of Adolescent Research, 28(2), 166-188.

[3] Kalish, N. & Gullickson, T. (1997). Lost and found lovers. Psyccritiques, 42(11), 1044.

[4] Hannum, C. (2015). 14 things I learned from getting back together with an ex. Retrieved 23 July 2021, from https://www.self.com/story/14-things-i-learned-from-getting-back-together-with-an-ex.

[5] Altschule, S. (2015). 7 signs you should get back together with your ex. Retrieved 23 July 2021, from https://www.bustle.com/articles/86239-7-signs-you-should-get-back-together-with-your-ex-because-post-breakup-doubt-is-inevitable.

[6] Lewis, A. (2021). 10 questions to ask yourself before getting back with your ex. Reader's Digest. Retrieved 23 March 2022, from https://www.rd.com/list/getting-back-with-an-ex/.

[7] Salaky, K. (2017). How to get back together—and stay together—after you've broken up. Retrieved 23 March 2022, from https://www.insider.

com/how-to-get-back-together-after-you-break-up-2017-6.

3. 史上最催泪研究：戒掉前任，跟戒掉毒瘾一样痛 ｜ 无痛分手可能吗？

[1] Rosenfeld,M. J. ,Reuben,J. T.& Falcon,M. (2015).How couples meet and stay together,waves 1,2,and 3:public version 3.04,plus wave 4 supplement version 1.02 and wave 5 supplement version 1.0 [computer files].Palo Alto,CA:Stanford University Libraries.

[2] Dating.com reveals that 2020 has been the year of break ups.(2020). Retrieved 23 June 2021,from https://www.prnewswire.com/news-releases/ datingcom-reveals-that-2020-has-been-the-year-of-break-ups-301135831.html.

[3] Kross,E. ,Berman,M. G. ,Mischel,W. ,Smith,E. E.& Wager,T. D. (2011).Social rejection shares somatosensory representations with physical pain. Proceedings of the National Academy of Sciences,108(15),6270-6275.

[4] Fisher,H. E. ,Brown,L. L. ,Aron,A. ,Strong,G.& Mashek,D. (2010).Reward, addiction,and emotion regulation systems associated with rejection in love. Journal of Neurophysiology,104(1),51-60.

[5] Howe,L. (2016).Why some people take breakups harder than others? retrieved 23 June 2021,from https://www.theatlantic.com/health/archive/2016/01/ romantic-rejection-and-the-self-deprecation-trap/424842/.

[6] Torres,A. N. (2017).The psychology of letting go:11 tips to help you through your breakup. Retrieved 23 June 2021,from https:// thoughtcatalog.com/alexandra-nicole-torres/2017/11/the-psychology-of- letting-go-11-tips-to-help-you-through-your-breakup/.

[7] Baptiste,D. (2014).12 awesome benefits of a breakup.Retrieved 23 June 2021,from https://www.boldsky.com/relationship/love-and-romance/2014/ twelve-aweome-benefits-of-a-breakup-040587.html.

[8] Terracciano,A. ,McCrae,R. R. ,Brant,L. J.& Costa Jr. ,P. T. (2005).

Hierarchical linear modeling analyses of the NEO-PI-R scales in the Baltimore Longitudinal Study of Aging. Psychology and Aging, 20(3), 493.

4. 如果有 "忘情水"，你会喝吗？│ 如何从糟糕的记忆中走出来

[1] 张树荣. (2019). 记忆语境化对创伤症状的干预——记忆再巩固的视角. 硕士毕业论文. 华中师范大学.

[2] Ehlers, A. & Clark, D. M. (2000). A cognitive model of posttraumatic stress disorder. Behaviour Research and Therapy, 38(4), 319-345.

[3] Hu, X., Bergström, Z. M., Gagnepain, P. & Anderson, M. C. (2017). Suppressing unwanted memories reduces their unintended influences. Current Directions in Psychological Science, 26(2), 197-206.

[4] Phelps, E. A. & Hofmann, S. G. (2019). Memory editing from science fiction to clinical practice. Nature, 572(7767), 43-50.

[5] Pennebaker, J. W., Kiecolt-Glaser, J. K. & Glaser, R. (1988). Disclosure of traumas and immune function: Health implications for psychotherapy. Journal of Consulting and Clinical Psychology, 56.

[6] Nader, K., Schafe, G. E. & LeDoux, J. E. (2000). The labile nature of consolidation theory. Nature reviews neuroscience, 1(3), 216-219.

[7] Smyth, J. M., Stone, A. A., Hurewitz, A. & Kaell, A. (1999). Effects of writing about stressful experiences on symptom reduction in patients with asthma or rheumatoid arthritis: A randomized trial. Jama, 281(14), 1304-1309.

5. 被甩之后，三年不敢谈恋爱 │ 如何走出自卑式单身？

[1] 黄雅静. (2003). 大学生自卑感及其与自我归因、社会支持的相关研究. 南京师

范大学博士学位论文.

[2] Fung,K.& Alden,L.E. (2014).Once hurt,twice shy:social pain contributes to social anxiety Emotion,231 - 239.

[3] Charlot,N.H.,Balzarini,R.N.& Campbell,L.J. (2019).The association between romantic rejection and change in ideal standards,ideal flexibility,and self-perceived mate value.Social Psychology.

[4] 程利,袁加锦,何嫒嫒&李红. (2009).情绪调节策略:认知重评优于表达抑制.心理科学进展,17(4),730-735.

[5] 蒋甲. (2015).我在被拒绝的100天里所学到的.TED Video. Retrieved 23 March 2020,from https://www.ted.com/talks/jia_jiang_what_i_learned_from_100_days_of_rejection.

6. 精神出轨 vs. 肉体出轨 ｜ 两性间嫉妒的奥秘

[1] 林崇德,杨治良&黄希庭. (2003).心理学大辞典.上海教育出版社.

[2] Edlund,J.E.,Buller,D.J.,Sagarin,B.J.,Heider,J.D.,Scherer,C. R.,Farc, M.M.& Ojedokun,O. (2019).Male sexual jealousy:Lost paternity opportunities? Psychological Reports,122(2),575-592.

[3] Hromatko,I.,Fajfarić,M.,& Tadinac,M. (2019).What feeds the green-eyed monster:sociodemographic and sociosexual determinants of jealousy. Evolution,Mind and Behaviour,1-10.

[4] Biton-Bereby,L.,Mikulincer,M.& Shaver,P.R. (2019).Attachment and the Oedipus complex:Attachment orientations moderate the effects of priming Oedipal representations on sexual attraction.Psychoanalytic Psychology, 36,230-238.

[5] Biton-Bereby,L.,Mikulincer,M.& Shaver,P.R. (2020).Attachment and the Oedipus complex:Attachment orientations moderate the effects of priming Oedipal representations on the construal of romantic

relationships. Psychoanalytic Psychology,37(4),324.

7. 每次说分手，都想让你多爱我一点 | 科学解读 "虐心恋爱"

[1] Baumeister,R.F.,Stillwell,A.M.& Heatherton,T.F.(1994).Guilt:an interpersonal approach. Psychological Bulletin,115(2),243.

[2] Bartholomew,K.& Horowitz,L.M.(1991).Attachment styles in young adults: A test of a fourcategory model.Journal of Personality and Social Psychology,61,226-244.

[3] Mikulincer,M.& Shaver,P.R.(2016).Attachment in adulthood:Structure, dynamics,and change(2nd ed.).New York:The Guildford Press.

[4] Bowlby,J.(1982).Attachment and loss:Vol.1.Attachment(2nd ed.).New York: Basic Books.

[5] Del Giudice,M.(2009).Sex,attachment,and the development of reproductive strategies. Behavioral and Brain Sciences,32(1),1-21.

[6] Overall,N.C.,Girme,Y.U.,Lemay Jr.,E.P.& Hammond,M.D.(2014).Attachment anxiety and reactions to relationship threat:The benefits and costs of inducing guilt in romantic partners. Journal of Personality and Social Psychology,106(2),235.

[7] Arriaga,X.B.,Kumashiro,M.,Finkel,E.J.,VanderDrift,L.E.,& Luchies,L. B. (2014).Filling the void:Bolstering attachment security in committed relationships.Social Psychological and Personality Science,5(4),398-406.

壹心理

专业的心理健康服务平台，专注于心理知识的全民普及，致力于推动中国心理健康行业发展。自2011年成立至今，已拥有注册用户近3000万，覆盖137个国家和地区。

本书作者来自壹心理旗下的"心理0时差"团队，具有北京师范大学、华中师范大学、英属哥伦比亚大学等国内外各大高校硕博背景，他们分别是：艾美杉，高洪尧，怀宇昕，李美佳，路会莹，叶婉青，张运玥，张真Derek。

爱的心理密码

作者 _ 壹心理

产品经理 _ 房静　　装帧设计 _ 小雨　产品总监 _ 木木

技术编辑 _ 顾逸飞　责任印制 _ 梁拥军　策划人 _ 吴畏

鸣谢 (排名不分先后)

刘颖　张璐

果麦

www.guomai.cc

以 微 小 的 力 量 推 动 文 明

© 壹心理 2022

图书在版编目（CIP）数据

爱的心理密码 / 壹心理著． -- 沈阳：万卷出版有限责任公司，2022.9
ISBN 978-7-5470-6036-0

Ⅰ．①爱… Ⅱ．①壹… Ⅲ．①爱情－青年读物 Ⅳ．① C913.1-49

中国版本图书馆 CIP 数据核字 (2022) 第 114634 号

出 品 人：王维良
出版发行：北方联合出版传媒（集团）股份有限公司
　　　　　万卷出版有限责任公司
　　　　　（地址：沈阳市和平区十一纬路 29 号　邮编：110003）
印 刷 者：河北鹏润印刷有限公司
经 销 者：全国新华书店
幅面尺寸：145mm×210mm
字　　数：170 千字
印　　张：7.25
出版时间：2022 年 9 月第 1 版
印刷时间：2022 年 9 月第 1 次印刷
责任编辑：胡　利
责任校对：张　莹
装帧设计：小　雨
ISBN 978-7-5470-6036-0
定　　价：49.80 元
联系电话：024-23284090
传　　真：024-23284448